information
ーインフォメーションー

早稲田アカデミー
各イベントのご紹介です。
お気軽にお問い合わせください。

中2・3
対象

日曜特訓講座

お申し込み
受付中
お近くの早稲田アカデミー
各校舎までお気軽にどうぞ

一回合計５時間の「弱点単元集中特訓」！

難問として入試で問われることの多い“単元”は、なかなか得点できないものですが、その一方で解法やコツを会得してしまえば大きな武器になります。早稲田アカデミーの日曜特訓は、お子様の「本気」に応える、テーマ別集中特訓講座。選りすぐりの講師陣が、日曜日の合計５時間に及ぶ授業で「分かった！」という感動と自信を、そして揺るぎない得点力をお子様にお渡しいたします。

中２必勝ジュニア　中２対象

日程 5/15、6/26、7/10

「まだ中２だから……」なんて、本当にそれでいいのでしょうか。もし、君が高校入試で早慶など難関校に『絶対に合格したい！』と思っているならば、「本気の学習」に早く取り組んでいかなくてはいけません。大きな目標である『合格』を果たすには、言うまでもなく全国トップレベルの実力が必要となります。そして、その実力は、自らがそのレベルに挑戦し、自らが努力しながらつかみ取っていくべきものなのです。合格に必要なレベルを知り、トップレベルの問題に対応できるだけの柔軟な思考力を養うことが何よりも重要です。さあ、中２の今だからこそトライしていこう！

中３日曜特訓　中３対象

日程 6/12、7/10

受験学年となった今、求められるのは「どんな問題であっても、確実に得点できる実力」です。ところが、これまでに学習してきた範囲について 100%大丈夫だと自信を持って答えられる人は、ほとんどいないのではないでしょうか。つまり、みなさんの誰もが弱点科目、単元を抱えて不安を感じているはずなのです。しかし、中３になると新しい単元の学習で精一杯になってしまって、なかなか弱点分野の克服にまで手が回らないことが多く、それをズルズルと引きずってしまうことによって、入試で失敗してしまうことが多いものです。真剣に入試を考え、本気で合格したいと思っているみなさんに、それは絶対に許されないこと！ならば、自分自身の現在の学力をしっかりと見極め、弱点科目や単元として絶対克服しなければならないことをまずは明確にしましょう。そしてこの「日曜特訓」で徹底学習して自信をつけましょう。

本部教務部 03（5954）1731 までお願いいたします。

サクセス15
June 2016
6

http://success.waseda-ac.net/

CONTENTS

＼高校入試にチャレンジ！／

記述問題って どんなもんだい？

記述問題を苦手に思う受験生は多いでしょう。しかし、毎年多くの高校入試で記述問題は出されているうえ、配点も多い場合がほとんどですので、対策は必要です。今回の特集では、今年の高校入試で出された記述問題から6問をセレクトし、解説例と解説をそえて紹介。国立・私立の難関校の問題から公立の共通問題まで、教科もさまざまな記述問題を掲載していますので、ぜひ挑戦してみてください。

contents

理科　開成高等学校

【私立・男子校】

Address：東京都荒川区西日暮里4-2-4
TEL：03-3822-0741
Access：JR山手線・京浜東北線、地下鉄千代田線、日暮里・舎人ライナー「西日暮里駅」徒歩1分

【問題】 次の文を読んで各問いに答えよ。

①～⑤のように，銅粉（新しいもの）を加熱して，質量の変化を調べる実験をおこなった。

① 2.00gのステンレス皿に0.40gの銅粉を入れ，かき混ぜながら加熱する。
② ①のものを冷却した後，粉末と皿を合わせた質量を測定する。
③ 再び，皿の中の粉末をかき混ぜながら加熱する。
④ ③のものを冷却した後，粉末と皿を合わせた質量を測定する。
⑤ ③,④の作業を，粉末と皿を合わせた質量が変化しなくなるまでくり返しおこなう。

以上のような作業を0.60g，0.80g，1.00gと銅粉の質量を変えておこなった結果，次の表のようになった。

a	銅粉（新しいもの）(g)	0.40	0.60	0.80	1.00
b	⑤の作業後の粉末と皿を合わせた質量（g）	2.50	2.75	3.00	3.25
c	⑤の作業後の粉末のみの質量（g）	0.50	0.75	1.00	1.25
d	⑤の作業後までに増加した質量（g）**(c－a)**				

問 ⑤の作業で，加熱と冷却を質量が変化しなくなるまで，くり返しおこなうのはなぜか，簡潔に答えよ。

※問題一部略

解答例　すべての銅が酸素と化合したことを確かめるため。

解説

銅を加熱すると、銅は空気中の酸素と結びついて酸化銅になります。ここで、加熱したものを冷却するのは、粉末と皿を合わせた質量を正確に測定するためです。加熱と冷却を繰り返すと、結びついた酸素のぶんだけ質量が大きくなっていきます。やがて、加熱しても質量の変化がなくなる状態になります。このことから、皿のなかの銅がすべて酸素と化合したことが確認できます。

この問題では、銅がすべて酸素と化合した結果であることを的確に答えられれば、設問の趣旨に沿った解答といえるでしょう。

理科の学習では、ある現象が起こること、また、２つ以上の事柄に特別な関係が成り立つことの理由や過程を明らかにすることが最も大切な目的の１つになっています。したがって、入試においても答えにいたる考え方、または、理由を書かせる記述式の問題が出題されるのはむしろ当然ですから、日ごろの学習においても物事を論理的に考え、筋道を立てて理由や過程を表現する習慣を身につけることが重要です。

理科では、記述問題を答えるには用語や語句の知識が欠かせませんが、基礎的な用語や語句などを単に覚えるだけでなく、いくつかの用語や語句を関連づけて覚えましょう。また、問題集の「～をなんというか」などの一問一答問題を逆にして、その用語について「…とは、～である」というように、定義・説明を加える練習をしておくといいでしょう。

記述問題が苦手という人は、模範解答や形式にとらわれすぎて、なかなか時間内に考えをまとめきれない傾向があります。そのような人は、重要なキーワードを日本語の文章として正しくつなげることだけを、まず考えましょう。例えば、上の問題では、「すべての銅」、「酸素と化合（結びつく）」、「確かめる」の３つがキーワードになっています（解答が短いのでほとんど全部になっていますが）。さらに理由を聞かれているので、文末は「～から。」「～ため。」という形で結ぶことが必要です。

こうした問題への対応策としては、やはり普段の学習から、「なぜ、どうして」という視点を大切にして、学校や塾の授業時間内に、それぞれの現象や実験目的などを考えながら整理していく習慣をつけることがベストです。そうした視点を大切に着実な学習を積み重ねることで、こうした記述問題に対応できるようになります。

数学　筑波大学附属高等学校【国立・共学校】

Address：東京都文京区大塚1-9-1
ＴＥＬ：03-3941-7176
Access：地下鉄有楽町線「護国寺駅」徒歩8分、
地下鉄丸ノ内線「茗荷谷駅」徒歩10分

【問題】　40人の生徒に100点満点の数学の試験を実施した。右の度数分布表はその結果をまとめたものであるが，？となっている欄の人数はわからなくなっている。40人の得点はすべて整数値であり，中央値は59.5点で，満点の生徒はいなかった。

この度数分布表を利用して40人の得点の平均値を求めた結果，平均値は整数値であった。このとき，70点以上80点未満の生徒の人数は何人であるか。解答欄に求め方と人数をかきなさい。

※問題一部略（前の小問で50点以上60点未満の度数を問う問題が出題されている。正解は「8」）

階級			階級値（点）	度数（人）
0点以上	～	10点未満	5	0
10	～	20	15	0
20	～	30	25	1
30	～	40	35	4
40	～	50	45	7
50	～	60	55	?
60	～	70	65	7
70	～	80	75	?
80	～	90	85	?
90	～	100	95	7
合計				40

解答例

70点以上80点未満の人数と80点以上90点未満の人数の合計は、40－(0+0+1+4+7+8+7+7)＝6人だから、70点以上80点未満の人数をx人とすると、80点以上90点未満の人数は（6－x）人と表せる。したがって、度数分布表より得られる平均値は

$(5\times0+15\times0+25\times1+35\times4+45\times7+55\times8+65\times7+75x+85\times(6-x)+95\times7)\div40$

$=(0+0+25+140+315+440+455+75x+510-85x+665)\div40$

$=(2550-10x)\div40$　……①

ここで、2550÷40＝63余り30　だから、

$①=63+\dfrac{30-10x}{40}$

$=63+\dfrac{3-x}{4}$

よって、①が整数であるためには、（3－x）が4の倍数でなくてはならない。

ところが、$0\leqq x\leqq6$だから、この範囲で（3－x）が4の倍数になるのはx＝3に限られる。

よって、70点以上80点未満の人数は、3人。

解説

平均値は、資料の個々の値の合計を資料の個数で割ることで求められますが、度数分布表を利用する場合は、次の式を用いて求めます。

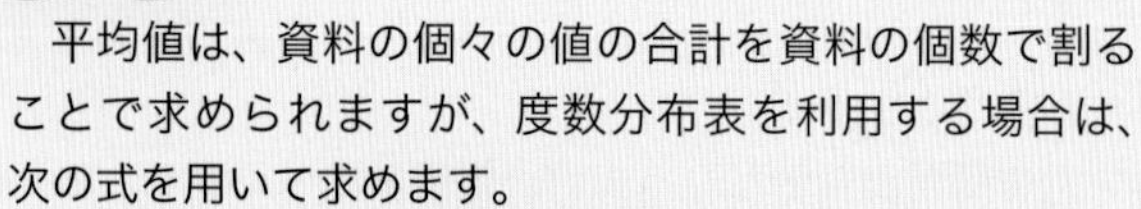

$$平均値=\frac{（階級値\times度数）の合計}{度数の合計}$$

このことは、資料の整理を学習する過程で勉強することです。平均値がどのようなものかを考えてみることで理解できると思います。単純に公式的な暗記では、本問のような設問に対応することは難しいかもしれません。また、上記の式が試験場ですぐに思い浮かばなかったとしても、平均値の本質的な性質を考えることで導くことも可能です。

数学は、思考の筋道を大切に考えるところに意味があります。7ページの理科同様、入試でも、答えを導く考え方・計算の過程、または、理由を書かせる記述式の問題が出題されるのは当然といえますし、今後、そうした出題は公立・私立入試を問わず、数学でも増加傾向にあることが予測されています。

ですから、日ごろの学習においても、物事を論理的に考え、単に最終的な解答を求めるのではなく、解答にいたる過程を自分の言葉で表現できるようにしておくことが重要です。

数学では、普段の問題練習のときから、

①「～を x とする」など、基本方針をはっきりさせる。

②「～を…に代入する」など途中式の説明を書く。

③仮定に書かれていること以外は、すべて根拠を示す（とくに、証明や説明を加える問題）。

など、いつも他人に見てもらうことを意識した書き方を心がけましょう。

これは、単に記述問題の対策というだけでなく、解き方の筋道を自分でたどることができるので、その問題を復習するときにも大いに役立ちます。また、このような自分の解答を学校や塾の先生に見てもらい、足りない点を指摘してもらうようにするといいでしょう。

社会　渋谷教育学園幕張高等学校

【私立・共学校】

Address：千葉県千葉市美浜区若葉1-3
ＴＥＬ：043-271-1221
Access：JR京葉線「海浜幕張駅」徒歩10分、京成線「京成幕張駅」徒歩14分、JR総武線「幕張駅」徒歩16分

【問題】 次の会話文を読み、下記の設問に答えなさい。

なぎさ：18歳選挙権が実現しましたね。日本は導入までに随分時間がかかりましたけど、世界はどうですか？

先生　：多くの欧米諸国が1970年前後に相次いで選挙権年齢を18歳以上に引き下げました。それまで民主主義を基盤においた北欧のある国では、若者が消費ばかりに目を向ける傾向があり、危機感をもった国が選挙権年齢を18歳に引き下げたことにより、市民としての自覚が育っていったそうです。今では世界の約９割の国や地域で18歳選挙権を実現しています。

みらい：昨年の夏、この法案が通った後で参議院を見学したのですが、私たち中学３年生が投票できるのは、３年後の参議院議員選挙からですね。若者たちの投票率の動向も気になります。

ひろし：若者世代の投票率が低いのは、これまで国が高齢者中心の政策を行ってきたからだと思います。

たつや：僕もそう思います。それと日本の財政の現状はとても厳しいですね。国は莫大な借金をしているけど、借金を返済するのは僕らの世代です。僕らの世代にはほとんど見返りがないのに、ツケを回されるのは不公平だと感じます。

なぎさ：世界では昨年（2015年）、ギリシャの財政赤字が問題となり、欧州連合（EU）から離脱するかどうかで騒がれましたね。たつや君は、どのような社会問題が気になりましたか？

たつや：子どもの貧困について、ニュースで報道されていたことが気になっていたのですが、その原因は格差が広がっているからだと思います。

先生　：子どもたちは将来の社会の担い手だから、もっと社会全体が大切にしないといけないですね。これまでの「シルバーデモクラシー」と言われるような政治から、若い人たちの意思がもっと政治に反映されるように変わることが求められるでしょう。

問　下線部に関して、所得格差を是正する財政の機能について、次の語句を必ず使用して解答欄の字数内（編集部注：40字）で説明しなさい。

税率　　社会保障

※問題一部略

解答例　税率を上げた増収分を社会保障の財源にあて、所得再分配を図り格差是正をめざす。（38字）

解説

新聞やテレビのニュースなどで話題になっている「格差社会」をどうやって是正していくべきかを問う意欲的な出題です。設問の趣旨は、「税率」と「社会保障」の関係をどうとらえるかがポイントとなっています。

「格差」が問題になっていることは設問の会話文にある通りです。ここでの「格差」とは「所得格差」であり、貧しい人と豊かな人で経済的に大きな違いがあることが問題とされています。経済的に苦しい人を税金で援助していくことが社会保障の基本です。

本問が求めているのは、消費税をはじめとする税制の改革によって、社会保障の充実を図ろうとする仕組みを理解しているかどうかです。40字以内という限られた文字数で「格差」と「社会保障」を税率にからめて説明することは、なかなか難しい側面もあるのですが、豊かな人が税を通じて社会保障の財源を負担すべきであるという考え方が基本となります。それによって、「格差」を実質的に小さくすることをめざす考え方です。

本問のような時事問題は、中学生にはなじみにくい面もありますが、日ごろから新聞やテレビなどで、さまざまな社会情勢に関心を持っているかどうかが問われる問題といえるでしょう。

社会科の問題は教科書や問題集にだけあるものではなく、世の中の動きすべてが、その対象となるという好例だと思います。こうした出題に対応する最もよい方法は、意識的に新聞を読んだり、テレビなどのニュース解説に注意深く接していくことです。その際、なにが問題なのか、どのような方向性をめざしているのかを考えてみてください。みなさんは、まだ選挙権がありませんし、税金を納めているわけではありません。でも、国民の１人であることに変わりはなく、政治や社会の動きに無関心であってはいけないというのが、こうした出題がされる理由です。

問題をみて、すぐにどう答えていいかわからない場合もあると思います。本問は、最初に示されている対話文の内容が解答のヒントにもなっています。答えにくいと思ったときには、設問をじっくり読んでみることで解答の糸口がつかめることも多いものです。そして、解答内容に完全な自信がない場合でも、自分なりの答えを書くように努めてください。こうした記述問題においては、部分点が与えられるのが一般的です。難しいと諦めることなく、できる範囲で頑張ってみることが大切です。

Alex and Dave were fighting very hard in high spirits in the game, and the team began to *come back. They won the game in the end.

Mr. Cooper chose Alex as the best player of that week. Alex not only played very well but also showed his teammates the fighting spirit of the team. They finished the season as one of the top teams in their city.

When the football season was over in January, there was a team meeting. The big *award went to the best player of each season *based on the point system. Though Mr. Cooper felt that he wanted to give it to Alex, he knew it was for Dave, the best player of the team. Mr. Cooper called Dave up on the stage to give it to him.

Dave said, "I'm very happy to receive this award and know what it means. But there is someone who *deserves it more than I do." All the team became silent. He continued, "With the help of a person, I did very well this season, and the team *accomplished everything." He turned toward Alex in the audience. Dave didn't know what to say. After a few moments he said, "Alex, you said that I was your hero. Now you are my hero." Alex ran up to the stage and *hugged Dave so hard that Dave almost fell down from the stage. All the team cheered.

Alex *encouraged his teammates to play harder, and his fighting spirit made the team stronger. This happened because Alex never gave up.

〔注〕head coach 監督　stretch ストレッチをする　mile マイル（1マイルは約1.6キロ）　joke 冗談を言う
tan 日焼け　come back 盛り返す　award 賞　based on ～ ～に基づいて　deserve 値する
accomplish 成し遂げる　hug 抱きしめる　encourage 励ます

〔問〕次の質問に対する答えを，40語以上50語程度の英語で答えなさい。「.」「,」「!」「?」などは語数に含めません。これらの符号は，解答用紙の下線部と下線部の間に入れなさい。
What kind of experience impressed you the most?

※問題一部略

解答例

I was impressed by a chorus contest at my junior high school. When I was a third year student, I played the piano. My classmates did not practice hard at first, but I encouraged them to do their best. We practiced hard after school, and finished first in the end.（50語）

長文問題のあとに、英文で設問が示され、自由記述の英作文が求められている問題です。問題の指示は「40語以上50語程度」とあります。したがって、最低でも40語を使用し、およそ50～60語以内でまとめる必要があります。語数が40語より少なかったり、60語を大きく超えてしまうと減点の対象となってしまいますので注意しましょう。

本問の場合、長文内容を参考にして、「あなたの最も印象に残っている出来事」について自由に英文で表現しなさいという問題です。こうした設問では、「さて、なにを書いたらいいのだろう」と悩んでしまう人もいるかもしれません。解答例のように、学校での「合唱コンクール」や「体育祭」「遠足」など学校行事を素材にすると書きやすいだろうと思います。

内容については、あまり悩みすぎずに、あった出来事を短い文で表現するようにしましょう。一文が7～10語前後の文でかまいません。短い文にした方が書きやすく、内容が推移することで全体がまとめやすくなります。

こうした自由英作文においては、テーマに沿っていれば、その内容はどんなことでもかまいません。気をつけなければいけないのは、英文が基本的な英語のルールに沿っているかどうかです。主語が明確であること、動詞の選択が適切であること、時制（現在形、過去形、未来形など）に意識がおかれていること、などが採点の対象となります。用いる単語については、自分が使いこなすことのできる平易なものを中心に選ぶことを心がけてください。その方がスペリングのミスも少なくなりますし、端的で内容が明確な文になるからです。また、英文で用いられている表現を引用してもいいでしょう。

自由英作文の対策としては、日ごろの英語の勉強において、文で覚える習慣をつけるようにすることが大切です。単語だけでなく主語・述語をともなった一文でとらえていくように心がけましょう。とくに、よく使用される熟語表現については、慣用的な表現を文章で覚えておくことが望まれます。

そして、自由英作文で表現したい内容が浮かんできやすくするために、普段から英文を音読するようにしてみることも有効な学習法です。学校の教科書や塾のテキストなどを、音読することを繰り返してやっておくと、こうした英作文を要求されたとき、頭に自然に適切な英文が浮かんできやすいと思います。

さらに、可能であるなら、色々なテーマで実際に英文を書く練習をしておくといいでしょう。「趣味」「スポーツ」「好きな食べもの」「読んだ本」などのテーマについて、短い英文で表現する練習をしておけば、こうした設問に出会っても慌てることなく対応できるでしょう。

英語 東京都立日比谷高等学校 【公立・共学校】

Address：東京都千代田区永田町2-16-1
T E L：03-3581-0808
Access：地下鉄銀座線・南北線「溜池山王駅」、丸ノ内線・千代田線「国会議事堂前駅」徒歩7分、有楽町線・半蔵門線・南北線「永田町駅」、銀座線・丸ノ内線「赤坂見附駅」徒歩8分

【問題】 次の文章を読んで，あとの各問に答えなさい。
(*印の付いている単語・語句には、本文のあとに〔注〕がある。)

Alex was a first year student at high school in the USA. He enjoyed watching American football games on TV. His friends said that he should join the team, and he really wanted to join the team. But he thought he was not good at playing sports, and was not big like an American football player. When he talked about the football team with his parents, they were afraid that he could not do hard training.

Mr. Cooper was the *head coach of the football team at school and taught P.E. One Saturday afternoon, Alex came to his room and said, "I want to join the football team." Mr. Cooper said that Alex would have a hard time if he did so. Alex felt sad, but he asked Mr. Cooper to give him a chance. Mr. Cooper always thought that football was for everyone, so finally he told him yes.

On the opening day of practice in September, Alex came out to the field before anyone else. All the players *stretched for thirty minutes, and then they began to run two *miles around the track. Alex was in the back of the group, and soon his running became very slow. Mr. Cooper said to him, "Alex, why don't you stop running?" Alex said, "I only ran half a mile," and he almost began to cry. Mr. Cooper said that he could keep running, but Alex could not run any more and started to walk. So Mr. Cooper stopped him.

Alex could not finish running two miles for many weeks. During practice Mr. Cooper asked one of the coaches to take care of Alex. The coach gave Alex easier exercises than other players'. Alex tried as hard as he could, and Mr. Cooper began to have different feelings about Alex as a football player.

As practice went on, Alex played better and better and he began to think he could play a game. Now he laughed and *joked with his team members. Mr. Cooper felt many players began to see him as their little brother. They tried to help him as their teammate.

Just before the football season started in October, Alex ran two miles and finished with other teammates for the first time. But he did not play in any game, and the team won only one game that season.

After the season was over in January, Alex visited Mr. Cooper in his room. He said that he was proud of Alex. Alex said to Mr. Cooper, "Coach, I didn't play enough this season."

Mr. Cooper answered, "I didn't want you to get injured." Alex said, "I understand why you didn't use me in the game, but I'd like you to use me next season. Is there anything I can do before the next season?" Mr. Cooper gave him a training program. Alex did not have any of Mr. Cooper's classes. So Mr. Cooper did not see him very often during the off-season. When he saw Alex, he always waved at him. He knew that Alex was training. He could see Alex was getting stronger.

Some weeks later in February, Alex visited Mr. Cooper again. He looked stronger and had a *tan. He said to Mr. Cooper, "Now I feel stronger, and I want to train harder. Your program has become too easy." Mr. Cooper laughed and said, "I'll add a few more exercises. And why don't you run four miles, much longer than before?" He kept training very hard.

At the beginning of September, just before the season started, Alex ran two miles faster than anyone else. He did the exercises very well, so Mr. Cooper chose Alex as one of his starting members in the opening game in October.

The next Monday after they lost the opening game, Mr. Cooper talked to Dave about the game they lost. Dave was captain of the team and was the best player, but he did not make efforts to train himself. He told funny stories to his classmates and was popular at school.

The next day after practice, Dave noticed Alex was still training all by himself in the field. He said to Mr. Cooper, "Why is Alex still out there?" Mr. Cooper told Dave to ask Alex himself. Dave went to Alex and said to him, "Why are you still on the field?" Alex answered, "We lost the game, so I want to practice more to win games. I want to be a good player like you. You are my hero." Dave knew that the players had to practice more to win more games. The next day Mr. Cooper was surprised that Dave was training with Alex after practice was over.

A week later all the members were preparing for one of their biggest games, and practiced very hard. When practice was over, they were very tired. When they were leaving the field, Dave asked them to join more exercises together. Of course, Alex was also there.

The next Sunday the team played the important game. At the beginning they were losing, and some players were giving up. But Alex was not giving up, and Dave was not giving up, either. Both

英語　神奈川県 公立校共通問題

【問題】

右のA～Cのひとつづきの絵と英文は，ある日のヒロシ（Hiroshi）についての様子や出来事を順番に表しています。Aの場面を表す<最初の文>に続けて，Bの場面とCの場面にふさわしい内容の英文を書くとき，（ア），（イ）の中にそれぞれ適する英語を書きなさい。ただし，あとの<条件>にしたがうこと。

<条件>
① （ア）はWillで書き始め，これを含んで全体を7語以上の1文で書くこと。
② （イ）はBefore three o'clockで書き始め，これらを含んで全体を8語以上の1文で書くこと。
③ 1文は大文字で書き始め，文末は「.」「?」「!」のいずれかの符号で終わること。

※短縮形（I'mやdon'tなど）は1語と数え，符号（,や.など）は語数に含めません。

A

<最初の文>

Hiroshi's bike was broken,so it was difficult for him to meet his friend at the station at three.

B

He asked his mother,

"[　　（ア）　　]"

His mother said,

"Sure.Let's go."

C

[　　（イ）　　]

And he was able to meet his friend there.

解答例

（ア）Will you take me to the station by car？（9語）
（イ）Before three o'clock he arrived at the station.（8語）

A～Cの3枚の絵と、その英文の説明を読んで答える問題です。説明の英文は非常にわかりやすい文になっています。それぞれの情景が、どのような内容であるかは落ち着いて読めば、すぐに理解できるでしょう。

まず、Aは、Hiroshiがどんなことで困っているかです。自転車が壊れてしまい、友だちと駅で会う約束をしている3時に間に合いそうもないという状況です。そこでBでは、お母さんに車で駅まで送ってもらえないか頼みます。お母さんは、Hiroshiの頼みを聞いてくれ、送ってくれることになります。そして、Cで約束の3時前に駅に着くことができ、無事に友だちに会うことができました。

この一連の出来事は、絵と右側の英文を参考にすれば、容易に理解できるのではないかと思います。

さて、解答にあたっては、設問が詳しく答え方を指示してくれています。まず、（ア）です。ここでは、「Willで書き始める」という指示がありますので、Hiroshiがお母さんに、Will you ～？の表現を用いて頼む場面です。「車で」という手段を表すby carを用いることも、すぐにわかるのではないでしょうか。少し考えるべきことは、「車で連れていってもらう」という内容を示す動詞としてなにが適切なのかです。解答例は、take（連れていく）を用いていますが、send（送る）でもいいでしょう。英語の場合、述語動詞を適切に選択することが自然な英文とするコツですので、覚えておきましょう。その際、決して難しい語を考えずに、教科書によく出てくるような易しい動詞で表現できないかを考えてみるようにしたいものです。

次に、（イ）です。絵でも明らかなように、時計は3時少し前です。約束の時間に間に合いました。このことは、問題の指示が「Before three o'clockで書き始め」とあることから、「3時前に」どうなったのかを答える問題です。つまり、Hiroshiは3時前に駅に到着した、ということを答えればいいわけです。ここでも、動詞としてなにを選ぶかですが、arrive（到着する、着く）が適切でしょう。無事に3時前に駅に着いて、車で戻る母を見送っていますので、少しだけですが、いまより前の出来事として過去形のarrivedとした方がいいでしょう。

本問のように、細かな指示がある自由記述問題は、問題に示された解答指示の内容が答えのヒントとなることが多くあります。ですから、答え方で悩んだ場合には、まず設問を注意深く読んでみることです。この問題では、「1文で答えること」「7語または8語以上で答えること」が示され、かつ文の始めに用いる語も指定されています。このことから、考えられる英文はほぼ確定し、あとは語順と適切な語の選択だけということになります。

こうした問題への対応のためには、普段の勉強において、よく使われる平易な英単語を短い文の形で覚えておくようにすることが大切です。とくに基礎的な動詞、例えば、have, make, get, take, go, comeなどは幅広く使用される語です。また短い英文の場合、前置詞を用いて時、場所、理由などを表現するといいでしょう。こうした基本的な語の使い方をマスターしておくことが、本問のような出題への効果的な対策といえます。

英語　千葉県 公立校共通問題（前期）

【問題】　外出中の母親(Mom) からの電話に出たローラ（Laura）が，姉のエレン（Ellen）と会話をしています。この場面で，ローラの言葉に対してエレンは何と答えるとあなたは思いますか。その言葉を英語で書きなさい。

ただし，語の数は20語程度（.,?!などの符号は語数に含まない。）とすること。

解答例

（1）I'm very busy now. Will you take a message and tell her I will call her back after cooking lunch?（20語）
（2）OK, but would you cook lunch while I'm talking on the phone? I'll be back as soon as I can.（20語）

解説

まず会話の状況を正しくとらえることが必要です。決して難しい内容ではなく、姉にかかってきた電話を妹が取り次いでいる情景です。いま料理中の姉（Ellen）としては2つの対応が考えられます。料理中で手が離せず、あとで電話をすると伝えてほしいのだとすると（解答例1）のような内容を妹に伝えるでしょう。また、もし電話に出るなら、自分に代わって料理を続けてくれるように妹に頼むので（解答例2）のような内容になると思います。

難解な単語や複雑な言い回しの必要はなく、知っている基礎単語を用いて、情景に合った文章を書くことが大切です。与えられている絵の情報をうまく利用することもポイントとなります。この問題ではEllenの背後にある時計が正午少し前をさしていますので、昼食の準備中であることがわかります。そうすれば会話文にlunchであることを入れることができるでしょう。

こうした自由会話文を作る問題のコツは、平易な単語を用いて短い英文にすることです。そして設問指示をよく読み、解答条件を確認しましょう。ここでは「20語程度」という指示があります。「およそ20語」という意味ですので、17～23語程度でまとめるようにしましょう。その際に接続詞を用いて文を書くように意識すると効果的です。一般的に語数を数える場合には、ピリオド（.）やコンマ（,）？などの符号は語数に含みません。しかし、a や the のような冠詞は、それぞれ1語と数えますので注意してください。

このような問題への対策としては、日ごろから簡単な英語で文章を作ってみる練習をしておくことがベストです。理想的な方法としては、英語で日記をつけることがおすすめです。毎日でなくてもいいので、ときどき英語で1日を振り返って、自分が思ったこと、経験したことなどを英語で書いてみるようにしてはどうでしょうか。その際に注意することは、難しい単語を使おうとせず、自分が慣れ親しんでいる易しい単語を用いるようにすることです。そして、必ず主語をはっきりさせて書くことと動詞を的確に用いることを意識してください。さらに、できれば表現しようとすることが現在のことか、過去のことか、または未来のことかという時制にも気を配るようにしましょう。

「英語を書くなんて…」とおおげさに考えるのではなく、自分の表現したいことを知っている英語を使って表すだけだと気楽に考えて英文を作る練習を日ごろからしておけば、こうした問題への対応がしやすくなります。

かずはじめ先生からの挑戦状！

頭を柔らかくして解いてみよう

人気連載「みんなの数学広場」のかずはじめ先生から挑戦状が届いたよ。
かず先生が紹介する今回の４問は、SPI（総合適性検査）と呼ばれるもので、
計算力よりも「どうやって解くか」を問うような問題だ。
肩の力を抜いてやってみよう！

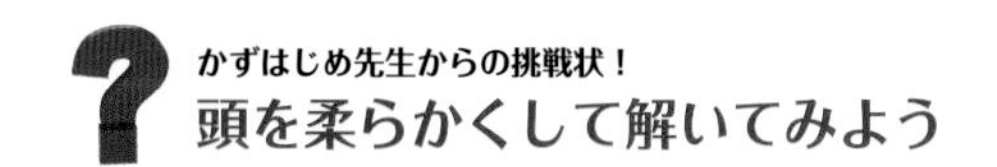

【問題1】

A、B、C、Dの４人がある仕事をしました。A、B、Cの３人がいっしょに仕事をすると２時間で終わり、AとDの２人なら８時間、BとDの２人だと６時間、CとDの２人だと４時間で終わります。A１人だけであれば仕事が終わるまでに何時間かかるでしょうか。

【解答群】　A：９時間　B：10時間　C：11時間　D：12時間　E：13時間
F：14時間　G：15時間　H：いずれでもない

【問題2】

「老人は朝早く起きる」という命題が正しいとき、次のうち確実にいえるものはどれでしょうか。

ア：朝早く起きない人は老人ではない
イ：朝早く起きる人は老人である
ウ：老人でない人は朝早く起きない

【解答群】　A：ア　B：イ　C：ウ　D：アとイ　E：イとウ　F：アとウ
G：アとイとウ　H：いずれでもない

【問題3】

川の上流と下流で18.9km離れた２地点を小船が往復したところ、上りは３時間30分、下りは２時間６分かかりました。この川の流速は毎分何mでしょうか。

【解答群】　A：1.8　B：3.6　C：5.4　D：7.2　E：15　F：30　G：45
H：いずれでもない

【問題4】

果汁100%のジュースを水で37.5%まで薄めるとコップにちょうど18杯になりました。では45%に薄めた場合はコップにちょうど何杯になるでしょう。

【解答群】　A：11　B：12　C：13　D：14　E：15　F：16　G：17
H：いずれでもない

【問題１】

正解は…A

この問題文で何度も出てくる言葉があります。

「〜時間で終わり」という言葉です。

では、なにが終わるのでしょうか。それは「仕事」ですね。

この仕事量全体を１とします。

そしてA、B、C、Dが１時間あたりできる仕事量をそれぞれ a、b、c、d とすると、問題文から

$$\begin{cases} a+b+c=\frac{1}{2} \cdots ① \leftarrow \text{A、B、Cの３人で２時間で終わる} \\ a+d=\frac{1}{8} \cdots ② \leftarrow \text{A、Dの２人で８時間で終わる} \\ b+d=\frac{1}{6} \cdots ③ \leftarrow \text{B、Dの２人で６時間で終わる} \\ c+d=\frac{1}{4} \cdots ④ \leftarrow \text{C、Dの２人で４時間で終わる} \end{cases}$$

②③④から a、b、c を d で表せます。

②より　$a=\frac{1}{8}-d$、$b=\frac{1}{6}-d$、$c=\frac{1}{4}-d$ を①へ代入して

$(\frac{1}{8}-d)+(\frac{1}{6}-d)+(\frac{1}{4}-d)=\frac{1}{2}$

つまり　$\frac{13}{24}-3d=\frac{1}{2}$ を解いて　$d=\frac{1}{72}$

よって　$a=\frac{1}{8}-d=\frac{1}{8}-\frac{1}{72}=\frac{1}{9}$

Aは１時間に全体の $\frac{1}{9}$ の仕事をするので、Aが１人でこの仕事を行うには

$1\div\frac{1}{9}=9$ 時間かかります。

【問題２】

正解は…A

正しいか正しくないかを明確に判断できる文章を「命題」といいます。

この命題の性質に「PならばQ」が正しいとき「QではないならばPではない」は正しいがあります。

これを対偶命題といいます。

例えば…「私（P）ならば男（Q）である」が正しいとき

「男（Q）でなければ私（P）ではない」となります。

これは正しいです。ここで「私（P）ならば男（Q）である」とき

「私でない人」は男も女もありえます。「男でない人」は私であるということはありえません。

この考え方を使います。

「老人は朝早く起きる」を「老人（P）ならば朝早く起きる（Q）」と考えると「朝早く起きない（Qではない）ならば老人ではない（Pではない）」は正しいですね。

したがって、アの「朝早く起きない人は老人ではない」だけが正解となります。

【問題3】

正解は…F

船の速度に対して、上りは川の流速だけ遅くなり、下りは川の流速だけ早くなります。
この問題は“分”を単位にしていること、さらに毎分何mと“m”を単位にしているので、“分”と“m”にそろえて考えます。
18.9km＝18900mを、上りは3時間30分＝210分。
下りは2時間6分＝126分で動いたので
上りの分速は　18900÷210＝90m　　下りの分速は　18900÷126＝150mです。
船の分速を xm、川の流速の分速を ymとすると

$$\left.\begin{array}{l}\text{上りは}\quad x-y=90\\ \text{下りは}\quad x+y=150\end{array}\right\}\ \text{これを解いて}\quad x=120\text{、}y=30$$

したがって、この川の流速は分速30mです。

【問題4】

正解は…E

果汁100%のジュースの量が不明です。
コップ何杯分かを問われているので、果汁100%のジュースがコップに a 杯あったとします。
すると果汁の量について

100% a 杯	＋	0% (水) 18 − a 杯	＝	37.5% 18杯

$1\times a+0\times(18-a)=0.375\times18$　　よって $a=\frac{3}{8}\times18=\frac{27}{4}$
これで、果汁100%のジュースが $\frac{27}{4}$ 杯あることがわかりました。
今度は45%が x 杯になったとします。

100% $\frac{27}{4}$ 杯	＋	0% (水) ?	＝	45% x 杯

?は $x-\frac{27}{4}$ 杯です

よって　$1\times\frac{27}{4}+0\times(x-\frac{27}{4})=0.45\times x$

$$x=\frac{27}{4}\div0.45$$
$$=\frac{27}{4}\times\frac{100}{45}=15$$

45%に薄めた場合、コップにちょうど15杯になります。

終わりに

いかがだったでしょうか。計算自体は難関校の入試問題のような難解なものはなかったはずです。こうした問題は就職試験でよく利用されており、最近は大学の入試問題でも出題されることがあります。今回ご紹介したような問題に触れて、ときには考え方を柔軟にするのもいいのではないでしょうか。

文京区私立中学高等学校
連合進学相談会

入場無料

文化と歴史の香り高い文京区の中学・高校19校が集まります

- 跡見学園 中学・高校［女子校］
- 京華 中学・高校［男子校］
- 淑徳SC 中等部・高等部［女子校］
- 東邦音楽大学 附属東邦中学・高校［共学校］
- 日本大学豊山 中学・高校［男子校］
- 郁文館 中学・高校［共学校］
- 京華商業 高校［共学校］
- 昭和第一 高校［共学校］
- 東洋女子 高校［女子校］
- 文京学院大学 女子中学・高校［女子校］
- 郁文館グローバル 中学・高校［共学校］
- 京華女子 中学・高校［女子校］
- 貞静学園 中学・高校［共学校］
- 東洋大学京北 中学・高校［共学校］
- 村田女子 高校［女子校］
- 桜蔭 中学校［女子校］
- 駒込 中学・高校［共学校］
- 東京音楽大学 付属高校［共学校］
- 獨協 中学校［男子校］

平成28年 5月29日（日） 午前10時～午後4時

秋葉原UDX南ウィング4F

会場最寄駅

JR秋葉原駅　電気街口より　徒歩2分／東京メトロ銀座線　末広町駅　1番3番出口より　徒歩3分／東京メトロ日比谷線　秋葉原駅　2番出口より　徒歩4分／つくばエクスプレス秋葉原駅A3出口より　徒歩3分

問い合わせ

連合進学相談会事務局

駒込学園10:00～16:00

☎3828-4366

主催　東京私立中高協会第4支部加盟校

後援　東京私立中学高等学校協会

2016 私立中学・高校 進学相談会

子どもたち一人ひとりがいきいきとした学園生活を送れる73校が集合！

6/11（土） 10:00～18:00 in 松坂屋上野店

松坂屋上野店 本館6F

入場無料　**予約不要**

参加校

<東京都>

- 愛国中高
- 足立学園中高
- 跡見学園中高
- 岩倉高
- 上野学園中高
- 川村中高
- 神田女学園中高
- 関東第一高
- 北豊島中高
- 共栄学園中高
- 京華中高
- 京華商業高
- 京華女子中高
- 麴町学園女子中
- 佼成学園中高
- 駒込中高
- 桜丘中高
- 十文字中高
- 淑徳SC中高
- 淑徳巣鴨中高
- 順天中高
- 潤徳女子高
- 昭和第一高
- 昭和鉄道高
- 駿台学園中高
- 正則高
- 正則学園高
- 星美学園中高
- 成立学園中高
- 青稜中高
- 大東文化大第一高
- 千代田女学園中高
- 帝京中高
- 東京家政大附属中高
- 東京女子学園中高
- 東京成徳大中高
- 東洋高
- 東洋女子高
- 東洋大京北中高
- 豊島学院高
- 二松學舍大附属高
- 日本学園中高
- 日本工大駒場中高
- 日大豊山中高
- 日大豊山女子中高
- 富士見丘中高
- 文京学院大学女子中高
- 豊南高
- 村田女子高
- 目白研心中高
- 八雲学園中高
- 和洋九段女子中

<千葉県>

- 我孫子二階堂高
- 芝浦工大柏中高
- 昭和学院中高
- 聖徳大附女子中高
- 専修大松戸中高
- 千葉商大付属高
- 中央学院高
- 二松學舍大柏中高
- 日本体育大学柏中高

<東京都>（続き）

- 日出学園中高
- 麗澤中高
- 和洋国府台女子中高

<埼玉県>

- 浦和学院高
- 浦和実業学園中高
- 大宮開成中高
- 春日部共栄中高
- 埼玉栄中高
- 昌平中高
- 獨協埼玉中高
- 武南中高

<茨城県>

- 取手聖徳女子中高

※●は女子校,●は男子校,●は共学校。

プレゼントあります

主催　新しい教育を担う私学の会

協賛　松坂屋上野店　声の教育社

- JR「御徒町」駅下車
- 日比谷線「仲御徒町」駅下車
- 大江戸線「上野御徒町」駅下車
- 銀座線「上野広小路」駅下車

お問い合わせ先　駒込学園企画広報室　03-3828-4366（直）

東大百景
トーダイってドーダイ!?

勉強で大事なことは「人に聞くこと」

VOL.3　text by ケン坊

新学年がスタートして1カ月以上が経過しました。案外1カ月ってあっという間ですよね。私もこの間まで「ついに3年生だ!」と息巻いていた気がするのですが、気づいたらもう5月になっていました。

さて、前々回は自己紹介、前回は大学生活について話したので、今回は少し東大生っぽく「勉強で大事なこと」についてお話しします。先に結論から言うと、私が思う勉強で大事なことは「人に聞くこと」です。これはいったいどういうことなのか、これから詳しく説明します。

まず、「人に聞くこと」というのは、文字通り「わからないところをだれかに聞く」という意味があります。学校や塾で授業を受けていると、どこかで「これってどういう意味だろう」と疑問を抱くタイミングがあるはずです。

そのような状態になったときに、1人でずっと考えこんでもおそらくその疑問が解消されることはなく、時間だけが過ぎていってしまうでしょう。もしくは、「わからないし、まぁいいや」と、未解決の疑問をそのまま放置してしまうかもしれません。わからないことをそのままにしておくと、ほかのわからないことも同じように放置してしまい、結局わからないことが山積みになってしまう危険性があります。

このような状態にならないためにも、勉強中になにかわからないことがあったら、すぐにだれかに聞くことを心がけてください。もちろんそれは先生でも、その部分をちゃんと理解している友だちでも、親や兄弟でもだれでもいいです。とにかく「わからないことをそのままにしない」ということが大切なのです。

もう1つ、「人に聞くこと」には「人に聞いて自分がちゃんと理解しているか確かめる」という意味もあります。「これってこういう考え方で合ってるよね?」とだれかに確かめることで、合っていた場合は自分の理解を深めることができますし、間違っていた場合はどこがどう間違っていたかを指摘してもらうことができます。これも非常に大切なことです。

「勉強で大事なこと」についての話はいかがでしたか? 要するに、色々な人を巻き込んで勉強しよう!ということをお伝えしたかったのです。ぜひ、1人だけで勉強するのではなく、「人に聞く」ことを大事にしながら勉強してみてください。

今月のすごい東大生

高校同期のスーパー秀才

今回紹介するのは、同じ高校出身のMくんです。彼とは高3のときに同じクラスだったのですが、とにかく頭がよく、私にとって目標となるクラスメイトでした。

彼のすごさをより実感したのは大学に入ったあと。コラムの初回で「東大は3年生から○○学部に分かれる」と話しましたが、毎回のテストで優秀な成績を取っていれば、3年生で各学部に進むときに、理系から文系、もしくは文系から理系、というようにまったく異なる進路を選ぶことができるのです。

Mくんは文科Ⅰ類に入学したので、そのままいけば文系の法学部に進むはずだったのですが、入学後の成績があまりにも優秀だった彼は…なんと医学部に進んだのです!

彼から進路を聞いたときは開いた口がふさがりませんでした。だって文系から医学部に進むことができるのは、1学年3000人のうち多くてもたったの3人ほどなのですから…。まさか昔から知っている身近な人が、これほど頭がいいとは思いもしませんでした。

お茶の水女子大学附属高等学校

Ochanomizu University Senior High School

東京都　文京区　女子校

生徒がイメージする未来に向けて「３６０の輝く個性」を伸ばす教育

１人ひとりの個性を大切にするお茶の水女子大学附属高等学校。お茶の水女子大学、東京工業大学との連携教育やＳＧＨ(スーパーグローバルハイスクール）の取り組みなど、充実したプログラムが用意されています。130年を超える伝統と知を継承し、これからの時代を自分の力で歩んでいける女性を育てています。

菊池（きくち）　美千世（みちよ）　副校長先生

人と違うことを恐れず自分らしくいられる環境

お茶の水女子大学の附属校であるお茶の水女子大学附属高等学校（以下、お茶の水女子大附属）。１８８２年（明治15年）設置の東京女子師範学校附属高等女学校を始まりとします。基本方針には「お茶の水女子大学に附属した高等学校であることの特色を生かし、社会に有為な教養高い女子の育成に努める」と示され、教育目標には、「1．基礎・基本を重視し、広い視野と確かな見方・考え方を持つ生徒を育てる。2．自主・自律の精神を備え、他者と協働し

施設

大学図書館

階段

廊下

木がふんだんに使われた趣きある校舎が目を引きます。また、大学の図書館や講堂を利用できるのも魅力です。

特色ある学び

農場実習

e-ラーニング

サツマイモやジャガイモなどの農作物を育てる農場実習、大学の設備を使って行うe-ラーニングといったお茶の水女子大附属ならではの学びも用意されています。

ていくことのできる生徒を育てる。
3．社会に有為な教養高い女性を目指し、真摯（しんし）に努力する生徒を育てる。」と掲げられています。

「女子校のメリットは、性別を意識することなく女子である前に自分でいられること、個人としての自分を伸ばせることです。『360の輝く個性』と言っていますが、本校には人と違うことを恐れなくていい自由な校風が伝統としてあります。自分が自分のままでいられる学校です。」

（菊池美千世副校長先生）

教養教育が重視された 幅広く学ぶカリキュラム

お茶の水女子大附属には、附属の幼稚園、小学校、中学校とそれぞれの段階から入学してきた附属出身生と、高校から入学する生徒がいます。割合は約半々で均等になるようにクラス分けされます。「異なる背景を持った生徒たちが、1年次から同じクラスのなかで学びあうことで、集団として豊かになっているところが本校の強みです」と菊池副校長先生。

カリキュラムは文理を問わず幅広い分野が学べるようになっており、教養教育に力が入れられています。1・2年次は芸術科目を除き共通履修で、3年次には選択科目が多く用意され、興味関心や進路方向に合わせて科目を履修します。文系、理系といったクラス分けはされません。

さまざまな教科で、教員オリジナルのプリントが使われ、生徒同士の意見交換や発表の場などが多く取り入れられた双方向型の授業が実施されています。受験を重視したカリキュラムではないものの、1・2年次に確実に基礎を身につけられ、3年次の夏休みには、生徒の希望に沿った講習が実施されるので、大学受験にもしっかりと対応できます。1学年約120名という小規模校の特性を活かし、1人ひとりを丁寧に指導する体制が整えられています。

また、定期試験前には、お茶の水女子大の学生や大学院生が生徒の質問に応じる「チューター制度」が導入されています。

2つの大学と連携した 魅力的なプログラム

大学と同じキャンパスにあるお茶の水女子大附属では、図書館やe-ラーニング用ラボなどの大学施設を利用できるだけでなく、高大の7年間を通じて「女性の能力開発モデル」を作るための高大連携特別教育プログラムが実施されています。

1・2年次には、大学と連携してカリキュラムを開発する国語・数学・英語の「教養基礎」があります。例えば、英語ではアメリカのミシガン大が開発したリスニング教材を使った取り組みが行われています。

また、例年10名ほどですが、お茶の水女子大へ進学できる特別入試も用意されています。この入試を受けるには3年次の「選択基礎」の受講が必須です。「選択基礎」は、進学したい学科・コースを決めたうえで、成績などの条件をクリアした生徒が受講できます。大学の教員がほぼマンツーマンで指導し、受講状況、適性などを見極め、大学への入学が判断されます。「大学としては、一定の学力はもちろん、自ら色々なことに取り組める、将来伸びる生徒を入学させたいという思いがあります。『選択基礎』を受講することで、早い段階から大学の学びに慣れ、専門分野の適性についても確かめることができます」と菊池副校長先生。

　ほかにも、2・3年生の希望者が、放課後に大学の講義を受講できる制度があります。

　また、理工系に優れた学生を育成するために、東京工大と連携したプログラムもあります。東京工大の教員が講義をする「ウィンターレクチャー（1・2年生対象）」、2泊3日の夏季集中プログラム「サマーチャレンジ（3年生希望者対象）」がそれです。サマーチャレンジを修了し、東京工大から許可を得ると、一般推薦入試と同時に行われる「高大連携特別入試」に応募できます。特別入試では、サマーチャレンジでの取り組みや高校での成績なども含め、合否が判断されます。

全員で3年間取り組むSGHプログラム

　2014年度（平成26年度）にSGH（スーパーグローバルハイスクール）の指定を受けたお茶の水女子大附属。「女性の力をもっと世界に―目指せ未来のグローバル・リーダー―」をテーマに、「異なる文化的背景を持つ人々と共に国際社会の平和と持続可能な発展を担える人材」を育成しています。全員が3年間を通じて取り組むことが特徴です。

　1年次は学校設定科目「グローバル地理」で、世界の環境、災害、生活・文化といったグローバルな社会的課題を広く学びます。また1年次の5月に行う2泊3日の合宿にも、SGHに関連した課題探究のフィールドワークが盛り込まれています。2年次には、「持続可能な社会の探究Ⅰ」の授業が置かれ、1年次に培った興味関心に基づき、平和や人権、民族、文化などの具体的な課題を設定し、グループで探究活動を進めます。そして、3年次には「持続可能な社会の探究Ⅱ」が設置されています。

「SGHの指定は今年が3年目なので、『持続可能な社会の探究Ⅱ』は今年度からのスタートです。沖縄でのフィールドワークや英字新聞の作成などを予定しています。2年次までの探究活動の成果を外部に発信していきたいと考えています。」（菊池副校長先生）

　国際交流では、台北の第一女子高級中学と交流をしたり、アジアの高

体育祭・文化祭・ダンスコンクールの3つからなる輝鏡祭。そのなかでも体育祭は、最大のイベントといえるほど大いに盛りあがります。竹を取りあう竹取物語といったユニークな種目や、全員が参加する応援合戦など、熱い戦いが繰り広げられます。

SGH

イオン・アジアユースリーダーズ（ベトナム）

修学旅行

台北研修

模擬国連

SGHの国際交流として、台北で現地学生と交流したり、環境問題について他国の学生とディスカッションするイオン・アジアユースリーダーズへ参加しています。また沖縄への修学旅行もSGHの一環として、大学を訪れるなど探究活動を行います。

部活動

茶道部

吹奏楽部

箏曲部

中国武術部や大自然科学部といった珍しい部や、家元の先生から直接指導を受けられる箏曲（そうきょく）部など、20の部があります。

校生が集まる「イオン・アジアユースリーダーズ」へ参加しています。

将来を見据えた進路指導
大学は目標のための準備

進路指導は、3年間の見通しを持って、各種進路行事や全国規模の模試などが、計画的に行われています。

「大学は受かるところに行くのではなく、学びたいところへ行くのが大前提です。学校からこの大学に行きなさいという指導はしません。あくまで本人とご家庭に任せています。人生をどのように生きたいのか目標を定め、その目標に向けて準備をする。その準備の1つが大学です。ですから、まず1年次にさまざまな職業に就いている先輩方の話を聞いて将来のイメージを持ち、そのうえで2年次に大学生の先輩たちから、大学での学びや大学受験についての話を聞きます。」（菊池副校長先生）

将来を見据えた進路指導により、卒業後の人生をイメージしながら高校生活を送ることができるお茶の水女子大学附属高等学校。ありのままの自分でいられる校風のなか、自らの個性を伸ばせる学校です。

最後に菊池副校長先生は「生徒たちはこれまでの常識が通用しない先の不透明な時代に社会に出ていきます。そうした時代を、自分の力で歩んでいくために、なにごとも自分で判断し、道を切り拓いていける強さや能力を持ってほしいと願っています。その土台作りを高校3年間でします。色々なことに関心を持ちチャレンジできる、異なる考えの人ともいっしょに過ごしていける生徒を待っています」と話されました。

School Data

所在地	東京都文京区大塚2-1-1
アクセス	地下鉄丸ノ内線「茗荷谷駅」徒歩6分、地下鉄有楽町線「護国寺駅」徒歩13分
生徒数	女子359名
TEL	03-5978-5855
URL	http://www.fk.ocha.ac.jp/

3学期制　週5日制
月～金7時限　45分授業
1学年3クラス
1クラス約40名

2015年度（平成27年度）大学合格実績（ ）内は既卒

大学名	合格者	大学名	合格者
国公立大学		私立大学	
筑波大	2(2)	早稲田大	43(14)
千葉大	4(2)	慶應義塾大	34(12)
お茶の水女子大	6(0)	上智大	20(1)
東京大	2(1)	東京理科大	14(8)
東京医科歯科大	2(1)	青山学院大	8(1)
東京外国語大	1(0)	中央大	12(6)
東京学芸大	2(0)	法政大	12(2)
東京工大	3(0)	明治大	37(10)
一橋大	5(1)	立教大	25(5)
横浜国立大	1(0)	国際基督教大	2(1)
京都大	2(1)	学習院大	1(0)
大阪大	1(1)	北里大	7(4)
その他国公立大	13(6)	その他私立大	127(42)
計	44(15)	計	342(106)

School Navi No.231

東京都　足立区　男子校

足立学園高等学校
（あだちがくえん）

School Data

所在地	東京都足立区千住旭町40-24
生徒数	男子のみ1045名
TEL	03-3888-5331
URL	http://www.adachigakuen-jh.ed.jp/
アクセス	JR常磐線ほか「北千住駅」徒歩1分、京成線「京成関屋駅」徒歩7分

「品格あるたくましい男子」を育成

1929年（昭和4年）に創立された足立学園高等学校（以下、足立学園）。「自ら学び　心ゆたかに　たくましく」と教育目標を掲げ、「品格あるたくましい男子」を育てています。

キャンパスには、吹きぬけの明るい校舎、約260席を有する自習室、約3万冊の蔵書数を誇る図書室といった学習施設に加え、カフェテリア、剣道場、柔道場などもあり、恵まれた教育環境が整えられています。

自ら学ぶ姿勢を育て生徒を第一に考える

足立学園では、2学期制、週6日制を取り入れ、公立高校と比べて3年間で約500時間も多い授業時間を確保し、生徒がわかることを大切に熱意ある授業が行われています。

「文理科」と「普通科」の2つがあり、2年次からは文系・理系に分かれ、多くの選択授業が用意されているので、将来の目標に合わせて学ぶことができます。選択授業は、10人以上で開講されるのが原則ですが、生徒の進路に必ず必要な科目であれば、10人未満でも開講するなど、生徒を第一に考えた教育が魅力です。

講習や講座も充実しており、全学年対象の夏期進学講習、高3向けに約120講座を設置する直前ゼミ、英会話や論文の講座なども用意されています。

また、自主的に学ぶ姿勢が大切だと考える足立学園では、タブレットなどを活用したディスカッション形式の授業や、生徒自身が学習計画を立てて学ぶ勉強合宿が実施されています。こうした取り組みにより、生徒は自ら学べるように成長し、放課後になると自習室や図書室で積極的に学習しています。

きめ細やかな学習指導体制を整えるとともに、芸術鑑賞会や海外語学研修、弁論大会、修学旅行（北海道・沖縄から選択）など、多彩な行事を実施し、豊かな感性や協調性を持ち、強さとたくましさを兼ね備えた生徒を育てています。

卒業生を対象とした行事があるのも特徴で、1月に、その年に新成人となる卒業生を招き、卒業生同士、卒業生と教員が旧交を温めます。こうした行事からも、足立学園が卒業後も訪れたくなるような学校だということが伝わってきます。

教育目標を具現化した教育を実践し、充実した3年間を送ることができる足立学園高等学校です。

School Navi No.232

埼玉県　さいたま市　女子校

淑徳与野高等学校

しゅくとくよの

School Data

所在地	埼玉県さいたま市中央区上落合5-19-18
生徒数	女子のみ1184名
TEL	048-840-1035
URL	http://www.shukutoku.yono.saitama.jp/
アクセス	JR埼京線「北与野駅」、JR京浜東北線・高崎線・宇都宮線「さいたま新都心駅」徒歩7分、JR京浜東北線・宇都宮線・高崎線ほか「大宮駅」徒歩15分

支えあうこと、自立すること

仏教主義の女子校として、「共生（ともいき）」の精神を大切にする淑徳与野高等学校（以下、淑徳与野）は、人と支えあうことのすばらしさを伝えながら、自立した女性として羽ばたくための力も養成します。2015年（平成27年）には新校舎が完成。新しい環境でより充実した学校生活を送れるようになりました。

夢をかなえる3つの約束

教育の中心となるのは、「夢をかなえる3つの約束」として掲げられている「現役合格」「国際教育」「心の教育」です。

淑徳与野の4年制大学への現役進学率は毎年90％以上を誇ります。「類型制」と呼ばれる進路希望別のクラス編成と日々のきめ細かなサポートが、この進学率を実現しています。

「類型制」には、選抜A（難関国公立大学理系コース）、選抜B（難関国公立大学文系コース）、選抜C（難関私立文系大学コース）、S類（文理コース）の4類型があり、それぞれ目標とする進路に向けた最適なカリキュラムが整っています。

世界で活躍する国際人を育てるための「国際教育」も魅力です。1999年（平成11年）から継続して行うアメリカ修学旅行は、姉妹校交流やホームステイ、テーマ別研修など盛りだくさんの内容です。また、希望者は3カ月の留学を経験するインターナショナルコースに参加可能です。類型に関係なくだれでも参加でき、留学に備えるため通常授業に加えて放課後の特別講座を受けます。

「心の教育」の柱は2つあります。1つは年4回の仏教行事、授業の始まりと終わりの合掌、自分の生き方を見つめ直す「淑徳の時間」といった情操教育を通して、「共生」の心を育むことです。

もう1つは、色々な体験をし、自立のために必要な力を身につけること。淑徳与野は生徒会活動が盛んで、総まとめの役割を担う生徒会総務の下に13の委員会があり、各々が責任感を持ちながら仕事に励んでいます。部活動も活発ですし、土曜には「国際教育」「スポーツ・舞踊」「趣味・工芸」の3ジャンル・計14種類のなかから好きな講座を選べる「土曜講座」が開かれており、ヨガや料理教室などを体験できます。

淑徳与野高等学校は、生徒の夢をかなえるための魅力的な教育を展開し続けていきます。

神奈川県　公立　共学校

神奈川県立 希望ケ丘（きぼうがおか）高等学校

KANAGAWA PREFECTURAL KIBOGAOKA SENIOR HIGH SCHOOL

伝統が育んだ自由な校風と基礎を重視した独自教育が魅力

神奈川県立希望ケ丘高等学校では、人間形成を主眼としながら、基礎基本を身につけることが大切にされています。敷地は県立普通科高校では随一の広さです。緑に囲まれた静かな環境のなかで、何事にも生徒が主体となって活躍する自由な校風が魅力です。

School Data

所在地
神奈川県横浜市旭区南希望が丘79-1

アクセス
相模鉄道本線「希望ケ丘駅」徒歩8分

TEL
045-391-0061

生徒数
男子494名、女子510名

URL
http://www.kibogaoka-h.pen-kanagawa.ed.jp/

- 3学期制
- 週5日制
- 月～金7時限
- 45分授業
- 1学年7クラス
- 1クラス約40名

鴫原（しぎはら）ふみ子（こ）校長先生

100年を超える歴史と伝統を持つ

神奈川県立希望ケ丘高等学校（以下、希望ケ丘）は、神奈川県初の旧制中学校（神奈川県尋常中学校）として、1897年（明治30年）に開校されました。その後、校名や校地の変遷を経て、1950年（昭和25年）に男女共学の神奈川県立希望ケ丘高等学校となりました。

現在、神奈川県から「学力向上進学重点校エントリー校」と「理数教育推進校」に指定されています。

「県立高校改革が進められるなかで、本校も学力向上進学重点校エントリー校に指定され、授業時間やカリキュラムなど、より充実した教育展開へ向けて新たに検討しています。理数教育は、理系の生徒を中心に行うのではなく、全生徒が論理的な思考力を身につけられる授業展開を考えています。」（鴫原ふみ子校長先生）

教育目標にある「自学自習」「自律自制」という言葉について伺いました。

「本校の掲げる『自学自習』とは、やるもやらないも本人次第という意味ではありません。本校がめざすのは、将来、自分の力で目標をつかみ取れる人物を育成することです。そのために必要となる基礎力＝『自学自習』できる能力を、さまざまな学習指導を通して育んでいきます。

また、『自学自習』『自律自制』という本校の教育方針の基礎は、尋常中学校時代の木村繁四郎校長先生が作られたものを受け継いでいます。木村先生は札幌農学校で学ばれ、クラーク博士の愛弟子でしたので、Boys, Be Ambitious（青年よ、大志を抱け）という言葉の通りに、厳しい校則を設けるよりも、夢を持った人間形成を第一に考えられたのです。本校の自由な雰囲気は、その当時から脈々と続いています。『自律自制』もまさにそうした教育理念を表した言葉で、他者から言われる前に、まず自分で自分を律しなさいという意味が込められています。」（鴫原校長先生）

新たな取り組み「希望未来塾」

希望ケ丘のカリキュラムは、1年次は全員が共通の科目を履修し、2年次から進路に合わせて文系と理系に分かれ、3年次には文系、理系、そして薬学・農学系をめざす理系の3つに分かれます。また、3年生は進路に合わせた選択科目が用意されています。

学習環境

1年次「英語表現Ⅰ」での、1クラスを2展開した少人数授業や、2年次「数学B」での2クラス3展開の習熟度別授業など、生徒1人ひとりに細やかに対応する少人数制授業も実施されています。また、夏休みには夏期講習が用意され、昨年度は32講座が実施されました。

進路室

自習室

廊下に設けられた学習スペース

校門

緑の多いキャンパス内

緑の多い広々としたキャンパスが特徴の希望ケ丘。自習室や廊下に設けられた学習スペースなど、学習環境も整っています。

２０１５年度（平成27年度）から始まった取り組みの１つに「希望未来塾」があります。

　これは、朝７時30分から８時20分まで行われる講習で、国語、数学、英語、地歴・公民、理科の５教科で実施されています。

「『希望未来塾』への参加は希望制です。２学期からは大学入試を見据えた、『大学入試センター試験対策』というような講座も用意しています。冬休み中も開講される講座があるので、冬期講習としても活用できます。３年生をおもな受講対象としていますが、１・２年生が選択できる講座もあります。『希望未来塾』での勉強を通して、基礎・基本の定着から応用力までを手助けします。」

（鳴原校長先生）

振り返り学習を促す「学習内容確認テスト」

　昨年度から導入された取り組みのもう１つが、「学習内容確認テスト」です。これは、学んだ内容の定着度を確認する学校独自のテストです。１学期に１回実施され、２学期前に学習した範囲から出題されます。

「例えば、１年生の３学期には、２学期前の１学期に学んだ内容が出題されます。同じように、２年生の１学期には１年次の２学期の内容がテストに出ます。テスト結果が基準点に達していない生徒には追試を行い、フォローしていきます。これを繰り返すことにより、基礎学力の定着をめざします。

　生徒たちは、部活動や学校行事などに追われ、日々の生活のなかでは自己学習の時間をあまり長く確保できない場合も多いものです。そうした生徒のために、『学習内容確認テスト』を実施することで、学んだ内容を振り返って勉強する機会を設けています。

　旺文社の社是に『夢高くして足地にあり』という言葉があります。目標が高ければ高いほど、しっかりと地に足をつけていないといけないことに気づかされる言葉で、生徒にもよく話しています。将来の夢を追うために必要となる基礎学力を、『希望未来塾』や『学習内容確認テスト』などを通して、本校で育んでいきたいと考えています。」（鳴原校長先生）

学校生活

部活動（バスケットボール部）

陸上競技大会

マラソン大会

修学旅行

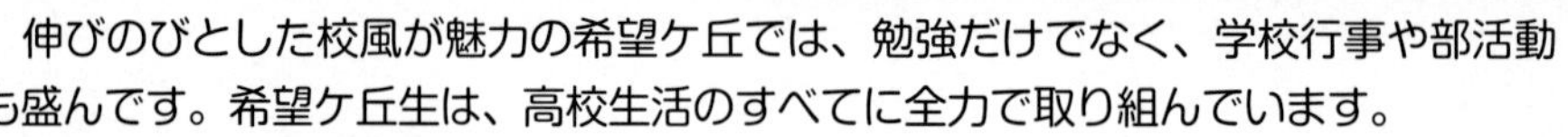
伸びのびとした校風が魅力の希望ケ丘では、勉強だけでなく、学校行事や部活動も盛んです。希望ケ丘生は、高校生活のすべてに全力で取り組んでいます。

合唱祭

希望未来塾

生徒が主体となり運営される「記念祭」

　希望ケ丘の特色は、生徒が何事にも主体的に行動すること。部活動や学校行事も盛んで、とくに「記念祭」と呼ばれる文化祭の運営方法には、その特色がよく現れています。

「本校では、記念祭運営委員を〈キウン〉と呼びます。記念祭に関しては〈キウン〉にすべての決定権があるのが伝統で、企画・運営・実行は生徒によって構成される〈キウン〉の指示のもとに行われます。まさに、生徒が主体となって作りあげる行事なのです。教育目標のなかに『和衷協同』という言葉があります。他人を信頼し、協力しながら物事に取り組むことを意味します。本校では、この言葉通りに、生徒が力を合わせて部活動や学校行事に向きあう伝統が受け継がれています。」（鳴原校長先生）

高校生活すべてに真摯に取り組む熱意

毎年、多くの難関大へ合格実績を出している希望ケ丘。学年に沿ったキャリア教育の実施や、模擬試験の受験と結果分析など、進路指導も充実しています。

なかでも、1・2年生を対象にした「卒業生による進路講話」は生徒に人気の高い行事です。大学受験に関する経験談を、卒業生が手作りの資料をもとに具体的にわかりやすく話してくれます。

そのほかにも、2年生を対象に大学の先生の話を聞ける「大学出張講義」や、教育実習生による進路懇談会、横浜国立大の学生との交流など、進路を考えるさまざまな機会が設けられています。

最後に、受験生へのメッセージをお話しいただきました。

「本校は、自由だけれども決してだらしなくはならない、『自律自制』の校風があります。その校風が、勉強・学校行事・部活動の3つすべてに全力で取り組める幅広い能力と意欲を持った生徒を育みます。学校生活のすべてを充実させたいという熱意を持った生徒に入学してほしいです。また、『和衷協同』の言葉通りさまざまな個性を認める懐の広さや柔軟性を持った生徒に来てほしいと思います。」（鳴原校長先生）

後夜祭（キャンプファイヤー）

記念祭（文化祭）

後夜祭（バンド演奏）

校舎内にあるキウンの活動スペース

6月18日の開校記念日直前の土日に開催される記念祭は、希望ケ丘生にとって青春そのものと言える、希望ケ丘最大の行事です。

2016年度（平成28年度）大学合格実績 （）内は既卒

大学名	合格者	大学名	合格者
国公立大学		私立大学	
東北大	1(1)	早稲田大	48(18)
筑波大	2(0)	慶應義塾大	25(3)
埼玉大	2(0)	上智大	16(4)
お茶の水女子大	1(0)	東京理科大	16(8)
東京工大	1(1)	青山学院大	67(8)
東京外大	1(0)	中央大	40(9)
東京学芸大	1(0)	法政大	76(18)
一橋大	1(0)	明治大	84(24)
横浜国立大	16(3)	立教大	45(10)
京都大	1(1)	学習院大	8(3)
横浜市立大	11(3)	立命館大	5(2)
その他国公立大	22(9)	その他私立大	472(89)
計	60(18)	計	902(196)

勉強しても力が伸びないときは そのやり方から見直そう

**「受験学年」となり、1カ月以上が経ちますね。受験勉強は順調でしょうか。
なかには、「勉強しているつもりなのに、なぜか力が伸びない」と
感じている人もいるかもしれません。
今回は、そんなみなさんに、伸びない理由・伸ばすコツについてお話しします。**

和田式教育的指導

力が伸びない理由は2パターンしかない

勉強をしているのに力が伸びない、という理由には2つのパターンが考えられます。

1つは、前回お話ししたように、基礎学力に「穴」があることです。そしてもう1つは、勉強のやり方がよくないということです。

勉強のやり方というのは、さまざまなことをさします。例えば、ノートの取り方、復習のタイミング、もっといえば、「あと何分考えてわからなかったら答えを見てみよう」という裁量までが含まれます。それらが適切でないと、いくらやってもできるようにはなりません。

逆にいえば、勉強のやり方がわかるようになると、理解するスピードがあがります。

受験まで残り10カ月あるとして、勉強のスピードが倍にあがったら、あがる前の20カ月ぶんの勉強ができることになります。

勉強の効率性を追求することはとても大事なのです。

間違った「自己流」ではいつまでも上達しない

勉強をスポーツに置き換えて考えてみましょう。あらゆるスポーツを始めるとき、大抵の場合、先にやり方を習ってから始めます。

例えば、ボクシングを始めるなら、ストレートやジャブの打ち方を教わってからサンドバッグを打つでしょう。あるいはゴルフなら、スイングはこのタイミングで、と習ってからクラブを振るでしょう。ボールが前に飛ばないスイングを1000回続けても、上達はしません。正しいやり方を知らずに練習してもうまくなりませんから、どんなスポーツでも、まず初めにやり方を教わってから練習するのです。

勉強も同じですが、なぜか勉強は自己流でやる人がほとんどです。ましてや、子どもの思いつく勉強法ですから、とても最適だとは考えられません。そのままでは、間違った方法が染みついてしまうこともあります。

和田秀樹

1960年大阪府生まれ。東京大学医学部卒、東京大学医学部附属病院精神神経科助手、アメリカのカールメニンガー精神医学校国際フェローを経て、現在は川崎幸病院精神科顧問、国際医療福祉大学大学院教授、緑鐵受験指導ゼミナール代表を務める。心理学を児童教育、受験教育に活用し、独自の理論と実践で知られる。著書には『和田式　勉強のやる気をつくる本』(学研教育出版)『中学生の正しい勉強法』(瀬谷出版)『[改訂新版]学校に頼らない和田式・中高一貫カリキュラム』(新評論)など多数。初監督作品の映画「受験のシンデレラ」がモナコ国際映画祭グランプリ受賞。

Hideki Wada

成功した大人からやり方を教わろう

では、どうすれば勉強のやり方が身につくのでしょうか。一番よい方法は、大人に教えてもらったり、勉強方法について書かれた本を参考にすることです。前者の場合、気をつけなくてはならないのが、教えてもらう人の選択です。大人であればだれでもいいわけではありません。ゴルフを始めるとき、ゴルフ好きだけどスコア（得点）が全然出ない人と、とにかくスコアが抜群によい人、どちらに習いたいですか？　やはり成功した人から習うのが一番ですね。東大生の親に東京大出身者が多い理由は、遺伝ばかりではありません。身近に成功した大人がいて、そのやり方を教わるからこそ、できるようになるのではないでしょうか。勉強方法が書かれた本は、たくさん出版されています。色々読んで実践し、自分に合った勉強方法を探してみましょう。

和田先生のお悩み解決アドバイス

QUESTION

両親のすすめる高校がそれぞれ違うときには

ANSWER

学校選びの基準をどこに置くか考えて

ご両親がなにを言おうと、まずは、自分がなにを基準に学校を選ぶのかを考えることが重要です。例えば、大学受験に基準を置くとします。人によっては、あえて実力よりワンランク下のレベルの高校を選び、学内でトップクラスの成績を維持しながら志望大学をめざす人もいれば、逆に、努力して本来の実力以上の高校を選び、下位の成績から這いあがることをめざす負けん気の強い人もいるでしょう。自分がどちらのタイプなのか、考えてみましょう。あるいは、高校生活になにを求めるか、ということも大切な要素です。部活動や行事に打ち込んで青春を楽しみたいのか、それとも、大学受験に向けて勉強に専念したいのか。後者の場合、自由度が高い方が勉強できるのか、ある程度スパルタで強制的にやらされる方がいいのかどうかも考えてみましょう。このように、ご両親の意見に振り回されることなく、自らの性格や自分が高校生活に望むことをまず第一に考えて志望校を選ぶべきです。自分のニーズは、自分が一番よく知っているはずです。

教えてマナビー先生！

世界の先端技術

pick up!!

痛くない注射針

▶マナビー先生 プロフィール

日本の某大学院を卒業後、海外で研究者として働いていたが、和食が恋しくなり帰国。しかし科学に関する本を読んでいると食事をすることすら忘れてしまうという、自他ともに認める“科学オタク”。

先端を極細に仕上げた特別仕様
町工場の底力が患者の悩み解消

病院に行ったとき、なんといってもいやなのが注射だね。

「痛くないからね」なんて言われても信じられない。チクッと痛いだけなんだけど、やっぱりいやだ。ぼくたちはたまの病気のときだけ我慢すればいいけれど、世の中には毎日何度も注射をしなくてはならない糖尿病の人たちだっている。そんな人たちに少しでも痛みのない注射ができるように作られたのが、今回紹介する注射針だ。

人間の身体の表面には一般に１cm^2あたり100～200個の痛みを感じる痛点というセンサーがある。このセンサーに針が当たると「痛い」と感じてしまうんだ。太い針だとその痛点に触れる確率が増すので、より痛みを感じることになる。

少しでも痛みを和らげるためには、細い注射針を作ればいいんじゃないかと思うよね。でも、ただ細いだけじゃ薬を身体に入れるときの圧力が大きくなってしまい、うまく薬液を送り込めないんだ。

注射針の根本（ねもと）はある程度太く、刺さる部分の方はごく細い針が必要だ。ある医療機器メーカーで、このアイデアはできたが、そんな注射針を作ってくれる工場はあるだろうかと探し回った。

しかも、数本作ることができただけでは製品としては成り立たない。毎年何億本もの注射針を正確に作ることができる工場が必要だった。

「痛くない注射針」のイメージ（参考/テルモ・ナノパス33）

作ってくれる工場はなかなか見つからなかった。100社もの工場を回ってやっと「絞りプレス加工」という特殊な技術を専門にしている会社にめぐりあうことができた。「ほかの会社にできないならやってやろうじゃないか」という社長のひと言で開発が始まった。試作期間は１年を超え、数百本の注射針を作っては捨てるという試行錯誤の末、とうとう目的の注射針ができあがった。

これまでの注射針は、細くしたパイプを必要な長さに切断していたんだけど、この特殊加工では、１本１本小さなステンレスを丸めて作る。この技術で従来の約半分の細さである直径0.2mmの注射針ができあがった、というわけだ。

できあがった注射針の先端を顕微鏡で見てみると、ナイフのように左右非対象に刃がついている。できるだけ痛みを感じないように、そっと小さく肌を切るという技術が込められている。最初のアイデアの上をいく注射針に仕上がった。少しでも痛みを減らしたいという技術者の工夫の塊なんだね。この注射針は全世界の患者さんに送り届けられ、毎日の注射の痛みを和らげることができるようになった。

いま、この注射針ができてから10年が経った。技術者たちはさらに細くて、痛くない注射針の技術開発に取り組み、新たな注射針を世に送り出し続けている。

教育評論家 正尾佐の

国語 【百十四の巻】今年出た基礎問題3

「今年出た基礎問題」シリーズの最後は国語だ。「基礎が大事だ」とよく言われるだろうが、じゃあ、「基礎ってなぁに？」と問われたら、すぐに答えられないかもしれない。

国語だろうが数学だろうが英語だろうが、基礎というのは、〝その知識を記憶していなければ、問題・問題文をまったく理解できない・読解できない知識〟だ。だから、「基礎知識は簡単な知識だ」とか、「基礎知識ぐらい知ってて当然だ」などというのは誤りなんだ。基礎知識でも難しいものもあるし、覚えにくいものもある。

国語の場合は、①漢字の書き取り、②漢字の読み、③熟語の構成、④文法、⑤語意（四字熟語・故事成語・慣用句など）、⑥敬語、が6大基礎知識だ。そのなかでも、どの試験でも必ず出されるといっていいものは①と②だね。

今年も漢字書き取り問題は出された。例えば、東京都の都立校入試の①と②の問題はこうだ。鉛筆を持って答えを書いてみよう。

1 次の各文の――を付けた漢字の読みがなを書け。

(1) 額の汗を拭いながら、山道を歩く。

(2) 氷上の華麗な舞に拍手が沸き起こる。

(3) 木蔭のベンチで憩いのひとときを過ごす。

(4) 街を循環するバスが新緑の並木道を走る。

(5) プランターで栽培したトマトが赤く色づく。

2 次の各文の――を付けたかたかなの部分に当たる漢字を楷書で書け。

(1) クモの切れ間から太陽が顔を出す。

(2) 高原の牧場でニュウギュウが草をはむ。

(3) 外国へ行くために、リョケンの発行を申請する。

(4) 前夜にフって積もった雪が、朝日を受けて輝く。

(5) 開会式で、ガクタイの迫力ある演奏が競技場に響き渡る。

正しく答えられたかな？ 解答はこうだね。

正解

1 (1) ぬぐ (2) かれい (3) いこ (4) じゅんかん (5) さいばい

2 (1) 雲 (2) 乳牛 (3) 旅券 (4) 降 (5) 楽隊

1では(3)がやや難しいし、2では(3)と(5)が難しいだろう。「憩い」は力を回復するために休むことだ。ただ休むだけなら「休息」といい、憩うのは「休憩」という。

「旅券」は海外旅行をしたことのない人にはなじみがないだろう。これは、政府が自国民を「この人は我が国の国民です。あなたの国に滞在しますが、危険などから守ってください」という、外国へ行く人の国籍や身分を証明する書類で、パスポートともいう。

私立校の例をあげよう。神奈川県の鎌倉学園だ。

一 次の――線部の漢字の読み方をひらがなで答えなさい。

1 廉価販売の宣伝。

2 焦土と化した町。

3 暫時休憩する。

4 委員会に諮る。

5 義理人情が廃れる。

二 次の――線部のカタカナを漢字に直して答えなさい。

1 広告をケイサイする。

2 おセイボを届ける。

3 バラのホウコウが漂う。

4 だんだん町がサビれる。

5 学問をオサめる。

この問題でもわかるように、首都圏では概して私立校の方が公立校よりも難しい問題を出す。なぜなら、多くの私立校では生徒たちのほぼ全員が大学への進学を希望しており、高校入試の3年後には、大学入試が待っているからだ。

そのため、私立校入試の漢字問題は大学入試とほぼ同じレベルであることが珍しくない。この鎌倉学園もそうだ。

「えーっ、大学並みなのか、そんなムズいのなんか、出さないでほしいよ！」と言いたくなるだろうけれど、漢字の暗記は中学生でも十分に可能だし、むしろ早い時期に漢字の知識を蓄えておく方がいい。

この問題の答えはこうだ。

正解

一　1 れんか　2 しょうど　3 ざんじ　4 はか　5 すた

二　1 掲載　2 歳暮　3 芳香　4 寂　5 修

1の「廉価」は『値段が安いこと』という意味だが、「廉」は『やすい』のほかに、『いさぎよい・きよくてただしい』という意味もあって、よく使われる四字熟語に「清廉潔白」がある。

2の「焦土」は『黒く焼け焦げた土』のことで、大抵は『家などの建物が焼け失せてしまった土地』という意味で使われる。高校に進むと、世界史や日本史の授業で、自然災害や戦争などで、大火災が生じたことを説明する文章によく用いられるはずだ。

3の「暫時」は『少しの間』という意味。「暫」は訓読みでは「暫く」だが、音読み「暫」を「ぜん」と読み誤りやすい。「漸」と似ているからだ。高校では数学で「漸近線」という言葉も出てくるので注意が必要だ。

4の「諮」も難しいが覚えておくと、高校進学後も社会人になっても役に立つ。というのは、「はかる」にはほかにも「計る」「測る」「図る」「量る」「謀る」があって、書き分けられるからだ。

『数や量を数える・計算する』『物差しなどの道具・器械を使って）重さや量などを知る』のなら、「計る」「測る」「量る」と記すし、『物事を考える・推しはかる』のなら、「計る」「測る」「量る」「図る」だし、『企てる・工夫する』や『相談する・チャンスをうかがう』のならば、「図る」「謀る」であり、『だます』は「謀る」だ。

この使い分けはややこしい。一気に全部記憶しなくともよい。1つずつ、繰り返し繰り返し勉強して覚えるようにしよう。

5の「廃れる」は『衰える』『はやらなくなる』という意味だ。

二の1の「掲載」は「掲げたり載せたりすること」で、私の書いたこの原稿も、高校受験のための月刊誌『サクセス15』6月号に掲載されるわけだね。

2の「歳暮」は中学生にはあまり関係ない言葉だ。年末に「今年、あなたにはお世話になりました。ありがとうございました」という感謝の気持ちを示すために品物を送ることで、お盆に送る場合は「中元」と言う。

3の「芳香」は『芳しい香り』、いい匂いという意味だ。みんなが高校に進学すると、理科が4つの科目（生物・化学・物理・地学）に分かれ、そのうちの2科目か3科目を学ぶことになるのだが、化学の授業で「芳香族」という言葉を教わるかも知れない。

4の「寂れる」は『寂しくなる』という元々の意味から、『盛んだったものが衰える』ことに用いる。

5の「修める」も、一の4の「はかる」と同じように、なかなか使い分けが面倒な語だ。「修める」のほかに、「治める」「納める」「収める」がある。

「修める」は、『物事を整えて定着させる』ことで、①『言葉づかいや行いを正しくできるようにする』とか、②『学問や技術などを身につける』とか、③『形をきちんとして飾る』という場合に使う。①の熟語には「修養」、②は「必修」、③は「修飾」がある。

「治める」は、『混乱を落ち着ける』ことで、④『政治の事柄を指導者として行う』ことや、⑤『病気や苦痛を無くす』ことに用いる。熟語に④「治安」、⑤「治療」がある。

「納める」と「収める」はどちらも『ある結果にする』という意味で、どちらを使ってもよいのだが、微妙な使い分けもする。

「納める」は、⑥『物品や金銭を受け入れたり払い込んだりする』、⑦『終わりにする』などの場合に使う。熟語に⑥「収納」「納品」、⑦「納会」がある。

「収める」は、⑧『とりまとめる・静める』、⑨『手に入れる・取り入れる』という意味で、熟語には⑨「収拾」、⑩「吸収」などがある。

これらの使い分けも、すぐには記憶しきれるものでない。

けれども、高校入試はもちろん、大学入試でもしばしば出題されるので、意識的にマスターするようにしたいものだ。

次は神奈川県の公立校の問題を見てみよう。

(ア) 次の各文中の――線をつけた漢字の読み方を、ひらがなを使って現代かなづかいで書きなさい。
1 選手代表が高らかに宣誓する。
2 力強い跳躍によって記録が伸びる。
3 野生動物に畑を荒らされ憤慨する。
4 手続きの簡略化で煩わしさを解消する。

(イ) 次の各文中の――線をつけたカタカナを、漢字に直しなさい。(楷書(かいしょ)で大きく、丁寧に書くこと。)
1 少子化対策のためのザイゲンを確保する。
2 親友のチュウコクで己の言動を省みる。
3 飛行機がヘンタイを組んで飛ぶ。
4 収穫したての芋をムす。

答えはこうだね。

正解
ア 1 せんせい 2 ちょうやく 3 ふんがい 4 わずら
イ 1 財源 2 忠告 3 編隊 4 蒸

(ア)では4が、(イ)では3と4が難しいだろう。

気をつけたいのは、書き取り問題の指定だ。(楷書で大きく、丁寧に書くこと。)とある。神奈川県だけではない。東京都でも楷書で書けとされている。

では「楷書で書く」とはどんな書き方をすればいいのだろう。みんなも知っているように、崩さない書き方だね。

例えば「中」のように書くと画数は2画か3画に見える。しかし、「中」と書けば画数は4画だね。「中」は行書と呼ばれ、「中」は楷書と呼ばれる。

漢字にはほかに草書とか隷書(れいしょ)とか篆書(てんしょ)とか、色々な書体があるが、現代漢字は楷書が基準になっている。それで、楷書は正書とか真書とも呼ばれる。

漢字の書き取り問題では、楷書で解答するのがジョーシキだ。これは大学入試でもそうだ。それなのに、わざわざ「楷書で書きなさい」と指定するのは、楷書で書かない、または書けない人がかなりいるからなのだ。

神奈川県の公立校では、漢字問題に続いて、次のような問題が出された。

(ウ) 次の文中の――線をつけた「に」のうち、同じはたらきをするものの組み合わせとして最も適するものを、あとの1〜4の中から一つ選び、その番号を書きなさい。

まだ風は冷たいのに(ア)木々の枝先に(イ)は早くも芽が出はじめて、この山里に(ウ)も確実に(エ)春が訪れているのを感じた。

1 アとイ　2 アとエ
3 イとウ　4 ウとエ

これは現代日本語の文法問題だ。母国語が日本語の人ならば、易しい問題のはずだ。

この「に」は助詞で、機能(=はたらき)がいくつかある。高校入試のためなら、次の3種類を覚えておくといい(ほかにもあるが、それは高校に入学してから学ぶことだ)。

①格助詞「に」
②接続助詞「のに」の一部
③形容動詞の連用形の語尾

①は「山本校長は、4月28日から7連休にすることに決めたので、生徒たちは5月2日に学校には行かないことになった」というふうに、名詞の下について色々な意味を示すんだ。

②は、「ほかの学校は7連休なのに、我々の学校はそうでない」というふうに、あとに続く文や語句が予測と逆になるときに用いる言葉だね。逆接(=逆態接続)と教わっただろう。

③は、「あわれだ」「賢明だ」といった言葉(=形容動詞)の連用形「あわれに」「賢明に」の語尾(=活用語尾)だね。

問題文のアは、「まだ風は冷たい」というのだから、冬が続いて春が来るのは先のことだと思われるのに、「木々の枝先には早くも芽が出はじめて〜春が訪れている」というのだから、逆接している。②だね。

イは、「枝先には」というふうに、名詞(枝先)の下について場所を示しているので、①だ。

ウは「この山里にも」というふうに、名詞(山里)の下について場所を示しているので、やはり①だ。

エは、「確実だ」という形容動詞の連用形(確実に)の語尾だ。③だね。

正解
3

国語の基礎知識は、数学や英語よりも量が多い。しかも、日本の社会で暮らす限り、死ぬまで使う知識だから、いまからでも1つひとつ身につけるといい。

受験勉強で、最も直接に生活の役に立つ教科が国語だということは、君たちも十分に知っていることだろう。

国語

東大入試突破への現国の習慣

田中コモンの今月の一言！

自分にとっての常識を疑うこと。「とらわれちゃだめだ！」ですよ。

田中（たなか） 利周（としかね）先生

早稲田アカデミー教務企画顧問

東京大学文学部卒。東京大学大学院人文科学研究科修士課程修了。文教委員会委員。現国や日本史などの受験参考書の著作も多数。

慇・懃・無・礼?!
今月のオトナの四字熟語
「三四郎池」

こんにちは！ 早稲田アカデミー教務企画顧問の田中としかねです。あらためてご挨拶をしてみたのは、この「現国の習慣」の連載も九年目を迎え、いよいよ十周年の準備にとりかからなければ！と決意しているということをお示ししたかった？ からです。掲載されている写真も十年前の筆者ということになりますからね（笑）。十周年のタイミングで最新のものに更新しようかと思ったりしています。教務企画顧問という肩書きで仕事をしている筆者ですが、早稲アカの校舎に机があるわけではありません。残念ながら中学生の授業は担当していませんので、皆さんにお目にかかる機会もなかなかございません。では普段筆者はどこにいるかと申しますと、本郷東大の正門前にある自分の事務所におります。ですから毎日、東大の様子をうかがい知ることができるわけで、「生中継」のように現在の東大の雰囲気をお伝えすることも可能なのです。5月の14日（土）と15日（日）は「五月祭」（東大本郷キャンパスの学園祭）ですので、皆さんも足を運んでみてくださいね。大学への入場は自由ですのでご心配なく。ついでに筆者の事務所に遊びに来てくださっても歓迎しますよ！

東大と隣接して活動している筆者ですから、「東大構内を案内してください！」という依頼が舞い込むこともあります。最近は「街歩き」がブームのようで、週末ともなると地図を片手に本郷界隈をそぞろ歩いている集団と出くわすことも多いです。先日は、某私立高等学校のご父母の集まりと「東大散歩」を楽しみましたよ。一万歩ほどの運動にもなって体にもいい感じです。安田講堂の地下にある東大生協では、東大の名前の入ったノートやボールペン、原稿用紙といった様々な「東大グッズ」が販売されていて、散歩客のお土産としても人気があります。ご一緒したご父母にも好評でした。東大グッズコーナーには「東大関連書籍」も並べてあります。かといって本屋さんではありませんので、お土産になりうるという「しばり」のもと、陳列されているのです。東大出身者の著作で、お土産としてつい買ってしまうもの。一体なんだと思います？ 実は、勉強法を紹介した「東大式○○必勝法！」といった類の書物が売れていたりするのです。受験生本人が見学に来て購入するということもあるのでしょうが、お子さんやお孫さんへのお土産として散歩に来た方々が購入しているのではないでしょうか。ちなみに

筆者の著作も並んでいるのですよ！ 小学生向けのドリルですので、皆さんにはもはや必要ありませんけれどもね。

さて、お土産も重要ですが（笑）、観光スポットとして東大構内で最も人気が高いところといえば、今回取り上げた「三四郎池」ということになります。東大正門からまっすぐ安田講堂に続く銀杏並木を抜けて、右に曲がって直進するとぶつかる林の中、ひっそりと、でも大きな池が隠れているのです。正式な名称は「育徳園心字池」。本郷東大は江戸時代、加賀前田藩の上屋敷があった場所なのです。大名庭園としてこの池は1638年に築造されたということになります。ですから三四郎池というのは後からついた、いわば「あだ名」なのです。そしてそれは夏目漱石の小説『三四郎』に由来します。

「『坊ちゃん』は知っていますが『三四郎』は知りません！」というのでは困りますよ。今年は夏目漱石没後100年、来年は誕生150年、という節目にあたります。入試問題に「時事ネタ」として取り上げられる可能性もありますから、文学史の知識として確認しておきますね。『吾輩は猫である』や『坊ちゃん』は、小学生でも知っている（読んだことはなくても）作品ですが、かつて開成の入試問題では「夏目漱石の作品を三つ答えなさい」というイジワル？ がなされました。あと一つ、が出てこない受験生があわてふためいたのですね（笑）。高校生になると必ず「現代国語」で学習する内容ですので、この際覚えてしまいましょう！ 漱石には前期三部作と後期三部作と言われる作品群があります。『我輩』や『坊ちゃん』は、これには含まれていないのです。『三四郎』『それから』『門』の前期三部作と、『彼岸過迄』『行人』『こころ』の後期三部作になります。「そんなに覚えられません！」という生徒さんのために、『三四郎』だけは覚えてほしくて、今回ご紹介した次第です。九州は熊本の田舎から東大入学のために上京してきた主人公の小川三四郎君が、都会での生活や新しいものの考え方に触れ、様々に思い悩むオハナシです。ヒロインの美禰子さんからは「迷える子（ストレイシープ）」と呼ばれてしまい、三四郎君の悩みは一層深まります。そんな主人公とヒロインが初めて出会った場所、それが本郷東大構内の「池」なのです。そこからこの池のことを「三四郎池」と呼ぶようになったのですよ。

グレーゾーンに照準！ 今月のオトナの言い回し 「贔屓の引き倒し」

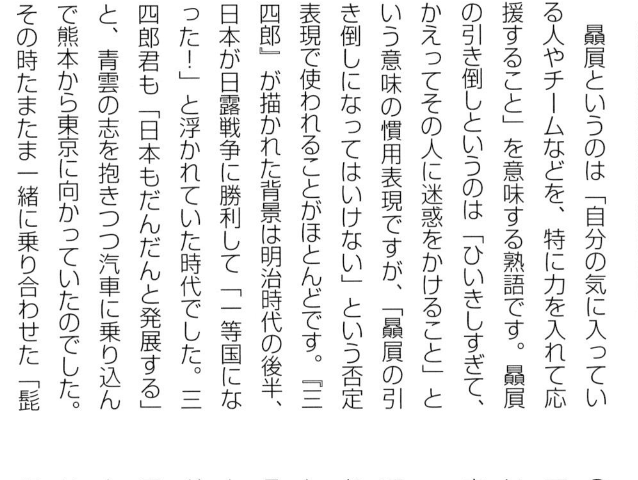

贔屓というのは「自分の気に入っている人やチームなどを、特に力を入れて応援すること」を意味する熟語です。贔屓の引き倒しというのは「ひいきしすぎて、かえってその人に迷惑をかけること」という意味の慣用表現ですが、「贔屓の引き倒しになってはいけない」という否定表現で使われることがほとんどです。『三四郎』が描かれた背景は明治時代の後半、日本が日露戦争に勝利して「一等国になった！」と浮かれていた時代でした。三四郎君も「日本もだんだん発展する」と、青雲の志を抱きつつ汽車に乗り込んで熊本から東京に向かっていたのでした。その時たまたま一緒に乗り合わせた「髭の男」にこう告げられたのです。日本は「滅びるね」と。「とらわれちゃだめだ。いくら日本のためを思ったって贔屓の引き倒しになるばかりだ」と。

三四郎君は衝撃を受けました。「熊本でこんなことを口に出せば、すぐなぐられる」と、驚きを隠せませんでした。もしかしたら年の若い自分をからかって、そんなことを言っているのではないか？ とも考えました。でも、髭の男の態度はどこまでも落ち着いて見えます。三四郎君はどうにも理解できず、相手になるのをやめて黙ってしまいました。すると男は続けてこう言うのでした。以下少し引用してみますね。

「熊本より東京は広い。東京より日本は広い。日本より…」でちょっと切ったが、三四郎の顔を見ると耳を傾けている。「日本より頭の中のほうが広いでしょう」と言った。

この言葉を聞いた時、三四郎は真実に熊本を出たような心持ちがした。同時に熊本にいた時の自分は非常に卑怯であったと悟った。

三四郎君と髭の男（広田先生）との出会いを描いた、極めて印象的な場面ですね。その後の日本の歴史を知っている皆さんには、広田先生のこの言葉がまるで予言のように聞こえるのではないでしょうか。小説『三四郎』が書かれてから100年以上が経過していますが、今なおこの広田先生の言葉は生きていると思いますよ。三四郎君はこの言葉によって、自分の頭で考えないことを、卑怯な振舞いにあたると悟ったのでした。変えることのできないものだと勝手に思い込んでしまっていること、周りがみんなそう思っているという常識こそ、疑ってかかるべきだということ。さらにその上で、変えてはいけないことを自分自身で発見しなくてはならないということ。変えることのできるものと、変えることのできないものとを、識別する知恵こそ「頭の中」に秘められた可能性なのです。中学生の皆さんにはまず次のように考えてみてほしいと思います。頭の中のほうが学校よりもはるかに広い！ とね。

な応用問題を見ていきましょう。

はじめに、出題率の高い３点から等しい距離にある点の作図です。

問題１

下の図のように，３点Ａ，Ｂ，Ｃがあります。この３点から等しい距離にある点Pを，コンパスと定規を使って作図しなさい。

ただし，作図するためにかいた線は消さないでおきなさい。　（埼玉県）

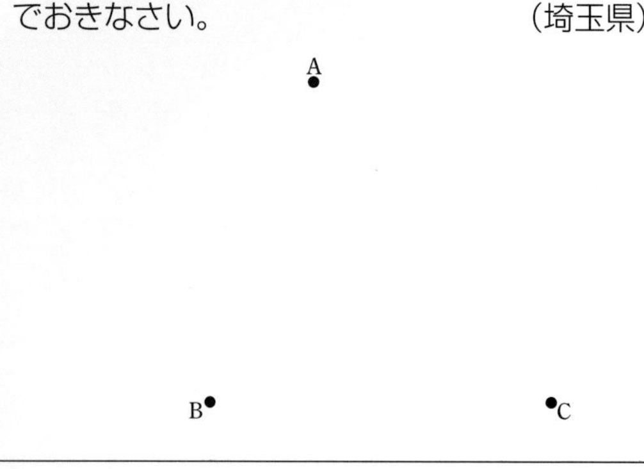

<考え方>

AP＝BPより点Pは線分ABの垂直二等分線上にあり、AP＝CPより点Pは線分ACの垂直二等分線上にあることになるので、左ページの基本作図⑴を活用します。

<解き方>

① 線分ABの垂直二等分線を引く。

② 線分ACの垂直二等分線を引く。

③ 直線①と直線②の交点をＰとする。

＊Ｐを中心とする半径APの円周上に、３点Ａ、Ｂ、Ｃがあることになります。この円を△ABCの外接円といい、点Ｐを△ABCの外心といいます。

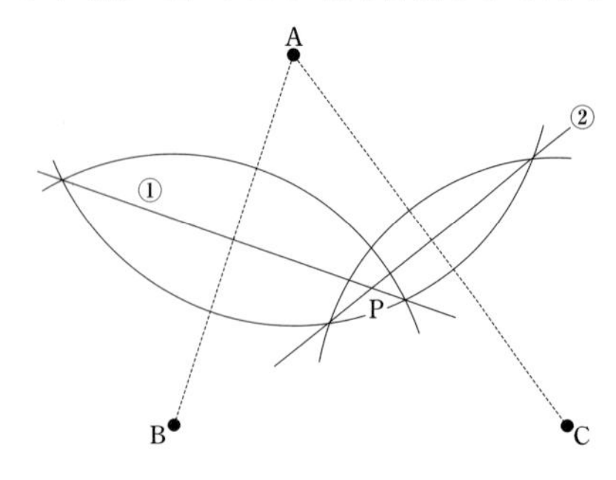

次は、30°や45°など、指定された角を作図する問題です。

問題２

右の図で，△ABCは，∠ABC＝90°の直角二等辺三角形である。点Dは辺AB上にある点で，$\angle BCD=\frac{1}{2}\angle ACD$である。

点Ｄを定規とコンパスを用いて作図によって求め，点Ｄの位置を示す文字Ｄも書け。

ただし，作図に用いた線は消さないでおくこと。　（都立新宿・問題一部略）

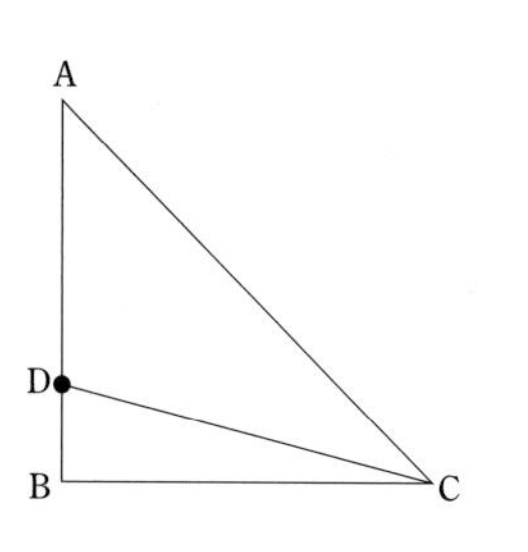

<考え方>

条件より$\angle ACD=\frac{2}{3}\angle ACB=30^\circ$だから、正三角形の角を利用することを考えます。

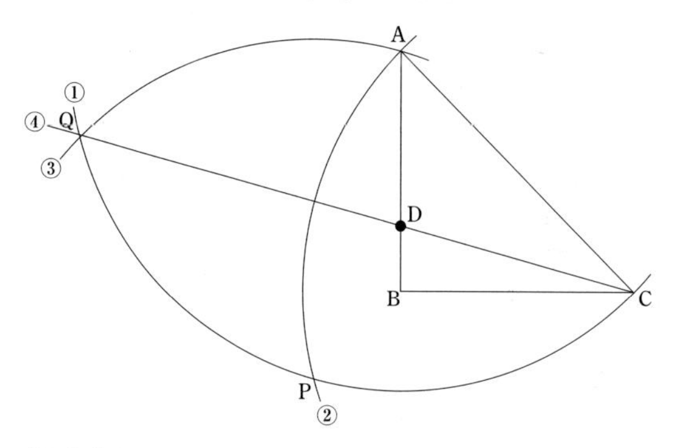

<解き方>

① Ａを中心とする半径ACの円弧を書く。

② Ｃを中心とする半径ACの円弧を書き、弧①との交点をＰとする。

③ Ｐを中心とする半径APの円弧を書き、弧①との交点をＱとする。

④ 直線CQを引き、辺ABとの交点をＤとする。

＊上の図で四角形AQPCは、１辺の長さが辺ACと等しい正三角形を２つ合わせた形のひし形になっています。よって、$\angle ACD=\frac{1}{2}\angle ACP=30^\circ$

＊②のあと、基本作図⑵の角の二等分線の作図を利用して、∠ACPの二等分線を引いてＤを求める方法もあります（実際の解答用紙は、左側にあまりスペースがないので、この方法になると思います）。

作図問題を解くときに大切なのは、「条件に当てはまる図が書けたとしたら、どのようなことが成り立つか」という点を考えることです。その部分に注意しながら作図問題に取り組んでいくと、基本の垂直二等分線、角の二等分線、垂線の性質、さらに、図形の移動や合同などの基本事項の理解が問われることがよくわかります。今後の図形の学習のためにも、一度しっかり練習しておくことをおすすめします。

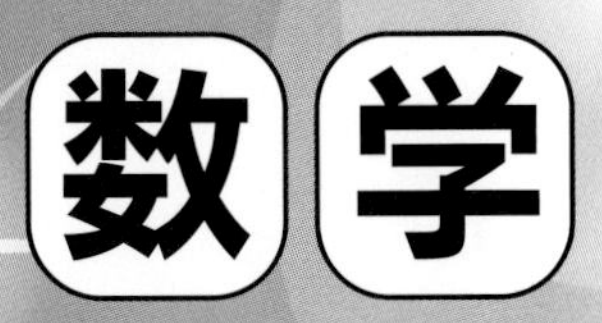

楽しみmath 数学! DX

3つの基本作図は作図問題攻略のために必ず覚えよう

登木 隆司先生

早稲田アカデミー 城北ブロック ブロック長
兼 池袋校校長

今月は、作図の問題を取り上げます。

ここでの「作図」は、定規とコンパスだけを使って行いますが、覚えておかなくてはならない基本の作図は、次の3つです。色々な作図の問題も、ほとんどがこの3つの組み合わせになっていますし、基本作図の問題がそのまま入試問題として出題されることも少なくありませんので、確実に身につけておく必要があります。

〜〜〜 確実に身につけるべき3つの作図 〜〜〜

(1) 垂直二等分線の作図

①線分の両端A、Bを中心として、同じ半径で円弧を書く。

②交点をP、Qとすると、直線PQが線分ABの垂直二等分線となる。

(2) 角の二等分線の作図

①角の頂点Oを中心として円弧を書き、辺OX、OYとの交点をA、Bとする。

②A、Bを中心として同じ半径で円弧を書き、交点をPとする。

③半直線OPが∠XOYの二等分線となる。

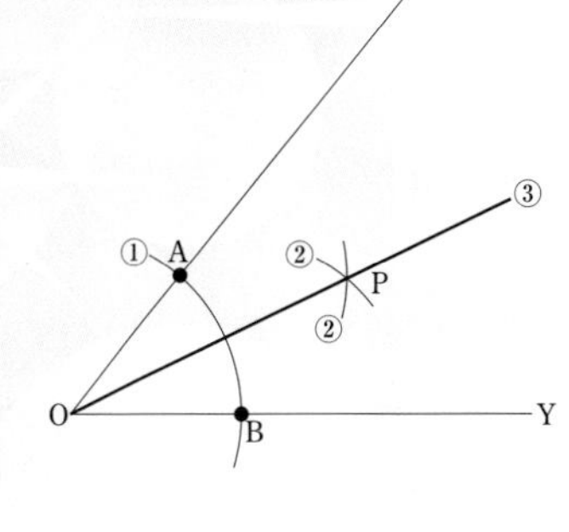

(3) 垂線の作図

①Pを中心に弧を書き、lとの交点をA、Bとする。

②A、Bを中心に等しい半径で弧を書き交点をQとする。

③P、Qを結んだものがPからlへの垂線となる。

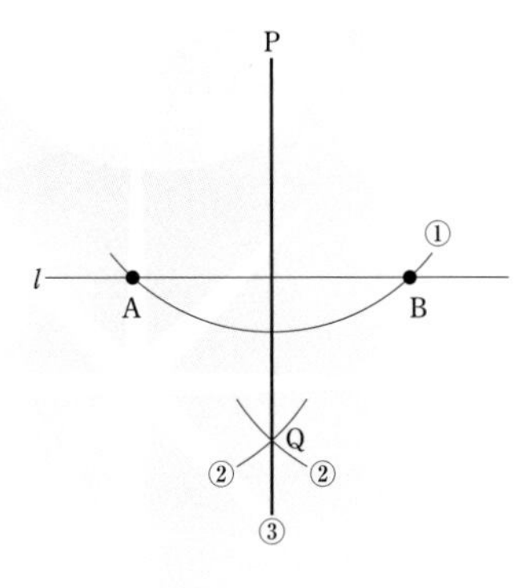

それでは、以上の基本作図を念頭に置いて、色々

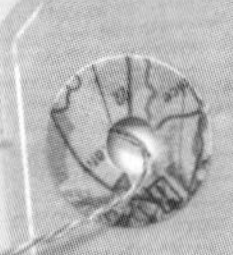

英語で話そう！

川村 宏一先生
早稲田アカデミー 教育事業推進部
英語研究課 課長

朝がちょっぴり苦手な中学３年生のサマンサは、父（マイケル）と母（ローズ）、弟（ダニエル）との４人家族。

ある日、サマンサは図書館で友だちのリリーに会いました。リリーがなにをしているのかサマンサが尋ねています。

Samantha：Hi, Lily. What are you doing?
サマンサ ：ハーイ、リリー。なにをしているの？

Lily ：I'm writing a letter to my friend in Australia. I visited her when I went there last week.
リリー：オーストラリアの友だちに手紙を書いているところなの。先週オーストラリアに行ったときに彼女を訪ねたのよ。

Samantha：Oh, I remember that. Did you enjoy staying Australia? …①
サマンサ ：そうだったわね。オーストラリアは楽しかった？

Lily ：Yes, very much! I want to go there again.
リリー：とっても楽しかった！ また行きたいと思っているわ。

Samantha：That's good. What was it you were most fun in Australia?
サマンサ ：いいわね。オーストラリアではなにが一番楽しかったの？

Lily ：Horseback riding was most fun for me. …②
リリー：乗馬が一番おもしろかったわ。

Samantha：It sounds fun. I'd like to try that, too. …③
サマンサ ：楽しそうね。私もやってみたいわ。

今回学習するフレーズ

解説① enjoy ～ing	「～することを楽しむ」 (ex) We enjoyed driving yesterday. 「私たちは昨日ドライブを楽しんだ」
解説② horseback riding	「乗馬（馬の背〈back〉に乗る〈riding〉こと）」 (ex) I learned horseback riding there. 「私はそこで乗馬を習った」
解説③ sound ～	「～に思われる、～に聞こえる」 (ex) That she says sounds reasonable. 「彼女の言うことはもっともだと思える」

みんなの数学広場

TEXT BY
かずはじめ

数学を子どもたちに、楽しく、わかりやすく、使ってもらえるように日夜研究している。好きな言葉は、"笑う門には福来る"。

初級～上級までの各問題に生徒たちが答えています。
どの生徒が正しい答えを言っているか当ててみよう。
もちろん、当てずっぽうじゃなく、実際に問題を解いてみてね。

今回は中級からスタートです。

問題編

答えは44ページ

中級

数学に関する名言です。
すべて、なるほど！　と痛感するすばらしいものばかり。
さて、次の3つの名言のなかに、かの有名なガリレオ・ガリレイのものがあります。
それはどれでしょうか。

【名言1】自然の偉大な書物は数学的記号で書かれている

【名言2】私が数学の敵であるという非難を耳にしたが、私ほど数学を高く評価しているものはいまい。数学はまさしく私の到達しえないことを成し遂げているからである

【名言3】不思議に聞こえるかもしれないが、数学の力というものは、あらゆる不必要な考えを避けること、および精神機能を極度に節約することにかかっている

上級

pは2以外の素数とし、$N=(p+1)(p+3)(p+5)$とおく。
このとき、Nについて間違って述べているは次の1～3のどれですか。

1：Nは、6の倍数　2：Nは、48の倍数　3：Nは、144の倍数

初級

円の面積は…
半径×半径×3.14　と求まりました。
江戸時代の和算の書には
直径×直径×0.79
とあり、確かに　半径×半径×3.14　とほぼ同じ値になります。

さて、この　直径×直径×0.79　をなんというでしょうか。

中級

正解は 

名言１がガリレオ、名言２がゲーテ、名言３がエルンスト・マッハです。

では、この３人はどんな人なのでしょうか。

ガリレオ…イタリアの物理学者であり、天文学者であり、哲学者でもあった。偉大なる業績により天文学の父とも呼ばれていた。

ゲーテ…ドイツの詩人。有名な名言の１つに

ただ、ひたすら
自分が正しいと思う、
道を歩けばいい。
他人がどのような
道を歩こうと、
気にしてはいけない。

というものがあります。

エルンスト・マッハ…「マッハ」という言葉、聞いたことがあるでしょう。マッハ１が音速のこと。つまり秒速約340mです。マッハ２は音速の２倍の速さを表します。この語源になったのが、この方、エルンスト・マッハです。オーストリアの物理学者です。

  正解は 

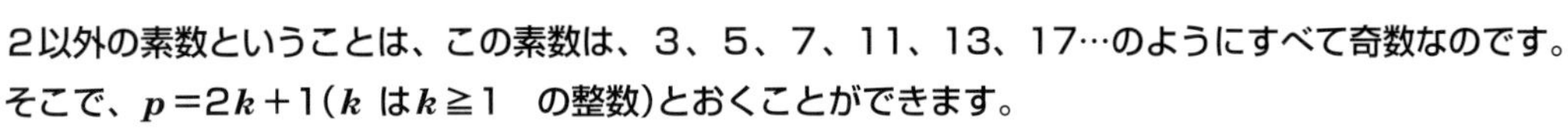

2以外の素数ということは、この素数は、3、5、7、11、13、17…のようにすべて奇数なのです。
そこで、$p=2k+1$（k は$k \geqq 1$ の整数）とおくことができます。
これをpに代入すると、
$N=(p+1)(p+3)(p+5)$
$=(2k+2)(2k+4)(2k+6)$
$=8(k+1)(k+2)(k+3)$
ここで、$k+1$、$k+2$、$k+3$は連続する３つの整数ですから、これらのうち少なくとも１つは偶数で、いずれか１つは３の倍数です。
つまり、$(k+1)(k+2)(k+3)$は６の倍数になります。したがって、Nは８×６の倍数なので、48の倍数になります。
Ａさんの選んだ６の倍数という解答は、48の倍数であれば確実に６の倍数なので間違っていません。しかし、Ｃさんの選んだ144の倍数であるとは限らないのです。例えば、
$p=3$とすると、$N=(p+1)(p+3)(p+5)=4\cdot6\cdot8=192$
これは144の倍数ではありません。
ちなみに、2014年に千葉大でこの類題が出題されました。

  正解は 

みなさんが習った円の面積の公式と和算の円の面積の公式は違います。
でも結果は同じになるのです。
これは、半径の２倍が直径ですから半径を２回かけているぶん、円周率3.14を４で割って0.79を使うわけです。

＼先輩に聞け！／
大学ナビゲーター

慶應義塾大学
法学部　法律学科　3年生
豊福（とよふく）　潤（じゅん）さん

知れば知るほど奥が深い法律の世界

法律科目を中心に多彩な教養科目も学ぶ

――慶應湘南藤沢から内部進学したそうですが、なぜ法学部を選んだのですか？

「社会はさまざまな法律によって成り立っていますよね。でも、中学や高校の授業で法律について学ぶ機会があまりなかったので、大学で詳しく学びたいと思っていました。

人気の学部は、定期テストなどの成績が優秀な人から希望が通るシステムだったので、普段から頑張って勉強していました。」

――どんな講義を受けているか教えてください。

「法律は本当に種類がたくさんあるので、まず1、2年生では憲法、民法、刑法の3つについて重点的に学びます。そして3年生から労働法、国際法、行政法など、より専門的な法律を扱っていきます。

講義は、教科書を使って基本原理を学ぶというより、先生が作成したレジュメ（プリント）に載っている判例（※）をもとに進めていくことが多いです。

高校までの『先生が生徒に勉強を教える』というような授業とは異なり、先生は『色々な説のなかで、自分はどのような説を支持しているのか』といったことを話されるので、基本原理については自分で勉強する必要があります。」

――好きな講義はなんですか？

「一番関心があるのは、民法です。民法だけでも条文が1000条くらいあり、契約、債権、婚姻、相続…など幅広い分野を扱うので、1つひとつを理解していくのは大変です。でもそのぶん勉強のしがいがありますし、私生活にかかわるものが多いの

※これまでの裁判で下された判決

法学部生が３年生から通う慶應義塾大三田キャンパス

ユーフォニアムを吹く豊福さん

で興味をそそられます。
3年生から始まるゼミも、財産法（民法のうち、総則・物権・債権に関する法律のこと）のゼミに入ります。ゼミに入るためには、エントリーシートの提出と、口述試験がありました。試験中は先生の質問に対してうまく答えられているか不安でしたが、なんとか乗りきれてよかったです。」

――苦手な講義はありますか？

「じつは一番難しく感じるのも民法なんです。所有権や占有権などについて学ぶ物権というジャンルが苦手です。目に見えない『権利』にまつわる法律なので、契約や婚姻などの私生活にかかわる法律に比べてイメージがしにくいため、講義を聞くだけではなかなか理解できません。『権利』を図で表現しながら、自分で勉強し直してやっとわかる感じです。」

――法律以外ではどんな講義を履修していますか？

「語学科目（英語とドイツ語）と教養科目を履修しています。
法学部に用意された教養科目は、自然科学、社会科学、人文科学というジャンルに分かれていて、そのジャンルごとに履修しなければならない単位数が決まっています。そのため、物理学、地理学、言語学、政治学、心理学など、多彩な分野の講義を受けていました。
とくに気に入っていたのは政治学と地理学です。政治学は先生の話がおもしろく、色々な知識を得られましたし、もっと勉強したいと思いました。地理学はプレートの構造や、地震が起きる仕組みなどを学べた講義で、地震が起きやすい日本に住んでいるのでためになりました。」

――今後の目標を教えてください。

「大学で勉強するまで知らなかった知識が結構ありますし、せっかく法律学科に入学したので、これからも色々な法律について学んでいきたいです。また、ゼミでは討論や模擬裁判も行うそうなので、自分の考えを主張する力を身につけたいです。
そして将来は、多くの人の役に立てるような影響力のある仕事をしたいです。」

慶應湘南藤沢での思い出

部活動は中高ともに吹奏楽部でユーフォニアムを吹いていて、高校時代は指揮者もやりました。音は目に見えないので指示の仕方に悩んだり、中高合同の部で部員数が多かったためまとめるのが大変だったりしましたが、部活動での思い出はとても心に残っています。
高3では文系クラスの全員が卒業論文を執筆しました。4月から11月までの8カ月をかけて完成させ、学年で8人しか選ばれない優秀論文の1つに選ばれたのは嬉しかったです。

慶應義塾大学ウインドアンサンブル

大学では慶應義塾大学ウインドアンサンブルという吹奏楽団に入っています。部員数は1～4年生合わせて120人くらいで、6月と12月に定期演奏会があります。演奏会前のシーズンは週4日の練習ですが、普段は週3日です。その内訳は、パートごとの練習、金管楽器、木管楽器に分かれたセクションごとの練習、全体の合奏練習となっています。合奏では全体の音色やタイミングを合わせるのに集中するために、パートやセクションで音を固めてから合奏に臨むようにしています。3年生からパートリーダーとセクションリーダーを兼任することになったので、頑張っていきたいです。

英語を話す機会を作る

得意の英語は、単語を書いたり声に出したりして知識を増やしつつ、ネイティブの先生と話したりして、実際に英語を話す機会を作っていました。
あと、与えられた課題はすべて地道に、最後までこなしていました。そうした日々の積み重ねが力になっていったと思います。

努力することを惜しまないで

中学受験、高校での部活動や卒業論文の執筆など、頑張れば頑張ったぶん報われた経験が多いので、いまでも努力してできないことはないと思っていますし、みなさんにも努力することを惜しまないでほしいです。コツコツ頑張っていけば、時間がかかったとしてもいつか目標にたどり着けるので、諦めないでください。

Bungou Retsuden

古今文豪列伝

第19回

石川啄木

Takuboku Ishikawa

今回は生誕130年を迎えた石川啄木だ。彼は1886年（明治19年）2月、岩手県南岩手郡日戸村（現岩手県盛岡市）の曹洞禅宗の住職の家に生まれた。本名は一というんだ。1歳のときに、父の転勤で渋民村（現盛岡市）に移り、学齢よりも1年早く、5歳で渋民小学校に入学した。9歳で高等小学校に入り、12歳のときに岩手県立盛岡尋常中学校（現県立盛岡第一高校）に入ったんだ。

中学の1年先輩には、のちに国語学者となった金田一京助がいた。中学時代に与謝野鉄幹が創刊した短歌雑誌『明星』を愛読、与謝野晶子の短歌に強い影響を受けたといわれる。

当時の啄木は、短歌会を作ったり、地元新聞に短歌を投稿したりしていた。また、『明星』に長編の詩を送り、掲載されたこともあるんだ。このころ、与謝野夫妻を訪ねたりもしている。

中学時代に知り合った女性と結婚したけど、父が宗務費を滞納して寺を追われたことから、啄木は一家の面倒もみなくてはならなくなり、生活は苦しかった。

苦しいなかでも創作意欲は旺盛で、文芸誌『小天地』を出版するが、資金難から出版の継続ができなくなったりしたんだ。

1906年（明治39年）、20歳のときに母校の高等小学校の代用教員となったけど、翌年に退職し、北海道の函館に移ったり、さらに札幌に移動したりして落ち着かない生活が続いた。

1908年（明治41年）に上京、翌年、朝日新聞の校正係として収入を得ながら、創作活動を行った。金田一京助は啄木の才能を信じて、家財道具を売ってまで援助したが、啄木が一部を遊興に使ったことがわかるのは彼の死後のことだ。

1910年（明治43年）には朝日新聞に『朝日歌壇』が作られ、選者となった。12月には歌集『一握の砂』を出版したが、啄木の生活は好転しなかった。生まれたばかりの長男が病死、妻が病気となり、同居していた父が家出をする。自身も肺結核となり、闘病生活を余儀なくされた。

1912年（明治45年）4月9日に母が死去、その4日後、妻らに看取られて肺結核で死去した。26歳の若さだった。

今月の名作

石川啄木

『一握の砂』

『一握の砂／悲しき玩具
改版　石川啄木歌集』
430円＋税　新潮文庫

啄木の第一歌集。『我を愛する歌』『煙』『秋風のこころよさに』『忘れがたき人人』『手套を脱ぐ時』の5部から構成されている。故郷、岩手への思いや、貧困や挫折などの苦しい生活を中心とした赤裸々な短歌551首が収められている。

あれも日本語これも日本語

NIHONGO COLUMN NO.76

「植物」にちなむ慣用句

春爛漫だね。今回は植物にちなむ慣用句を調べてみよう。

「立てば芍薬、座れば牡丹、歩く姿は百合の花」。シャクヤクは茎がすらりと伸びた美しい花。ボタンは花を横に広げた美しい花。そしてユリは風にそよぐ様が可憐な花だ。そこから美人を形容していわれるようになった。立った姿はシャクヤクのようで、座った姿はボタンのよう、歩く姿はユリが風にそよいでいるようだということだ。

「瓜の蔓に茄子は生らぬ」。ウリとナスビ（ナス）は別の植物だから、ウリの蔓にナスビが生らないのは当たり前だね、そこから平凡な人からは非凡な人は生まれない、という意味で使われる。「私の息子は出来が悪くて。ウリの蔓にナスビは生りませんから」というのは謙遜の言葉だ。反対の意味の慣用句に「鳶が鷹を生む」があるよ。

「独活の大木」。ウドの茎は木のように大きいが、材質がもろくて材木としては使えないことから、身体が大きいだけで、役に立たない人をけなす言葉だ。「彼は背も高いし、体重もあるけど、スポーツは全然だめ、ウドの大木だ」なんて言われると悲しいね。

「竹を割ったよう」。タケを割ると一直線に割れることから、さっぱりとした性格の人を褒めていう言葉だ。「彼はぐずぐず文句を言ったりしない。タケを割ったような性格だ」などと使う。

「破竹の勢い」はタケを割るほどの激しい勢いのことだ。タケは最初に切れ目を入れると一気に割れるところからきた言葉だ。「うちのチームは連戦連勝、破竹の勢いで決勝戦まで進んだ」なんてなるといいね。

「柳に雪折れなし」。ヤナギはしなやかな木で、雪が積もってもポキッと折れたりすることはない。堅い木は逆に折れてしまうことがある。そこから柔軟な考えを持つことの大切さをいった言葉だ。

「柳眉を逆立てる」。柳眉とはヤナギの葉のような細く美しい眉のことで、美人の条件の1つとされる。そこから美人が激しく怒ることをさすようになった。「彼女を怒らせたらまずい。柳眉を逆立てるぞ」なんてことになると恐いね。

ミステリーハンターQの

歴男歴女養成講座

山本 勇
中学３年生。幼稚園のころにテレビの大河ドラマを見て、歴史にはまる。将来は大河ドラマに出たいと思っている。あこがれは織田信長。最近のマイブームは仏像鑑賞。好きな芸能人はみうらじゅん。

ミステリーハンターQ（略してMQ）
米テキサス州出身。某有名エジプト学者の弟子。1980年代より気鋭の考古学者として注目されつつあるが本名はだれも知らない。日本の歴史について探る画期的な著書『歴史を掘る』の発刊準備を進めている。

春日 静
中学１年生。カバンのなかにはつねに、読みかけの歴史小説が入っている根っからの歴女。あこがれは坂本龍馬。特技は年号の暗記のための語呂合わせを作ること。好きな芸能人は福山雅治。

西南戦争

1877年に鹿児島で起こった「西南戦争」。西郷隆盛を盟主として、最大の士族の反乱となった。

MQ 前回は「佐賀の乱」や「萩の乱」などについてみたから、今回はそれに続いて起こった最大の士族の反乱「西南戦争」について勉強してみよう。

勇 「西南戦争」は、1877年（明治10年）の鹿児島の士族の反乱だよね。九州で起こった「佐賀の乱」や「神風連（しんぷうれん）の乱」にも同調しなかった鹿児島士族は、どうして決起したの？

MQ 明治維新の立役者で新政府の実力者だった鹿児島の西郷隆盛は、1873年（明治6年）の征韓論に敗れて政府を去り、鹿児島に帰った。鹿児島では青少年の養成機関である私学校を作るなどして、政府とは距離をおき、あたかも独立国のようになっていたんだ。

1873年（明治6年）の徴兵制、1876年（明治9年）の廃刀令などで、士族の特権が次々と奪われ、鹿児島士族も暴発寸前になったけど、西郷隆盛らが押さえていた。ところが、政府による西郷暗殺の噂などがあって、私学校の生徒らが、政府の弾薬庫を襲うなどして暴発してしまったんだ。

静 「西南戦争」は、どれくらいの規模の反乱だったの？

MQ 約4万の士族が参加したんだ。西郷軍とも呼ばれた反乱軍は鹿児島から北上して、熊本城を包囲、攻撃したけど、政府は援軍を送って持ちこたえさせた。

熊本からさらに北上しようとした西郷軍の一部は激戦の末、徴兵された農民主体の政府軍に敗退してしまった。残された西郷軍は九州の険しい山道を通って半年後に鹿児島に帰り、城山に立てこもったけど、政府軍の攻撃を受けて敗北した。西郷は自殺したんだ。

勇 ほかの地域の士族が呼応することはなかったの？

MQ 熊本や宮崎の一部士族が同調して西郷軍に加わったり、福岡の士族が反乱を起こしたりしたけど、政府軍に圧倒されてしまった。武器も違うし、数的にも政府軍が上回っていたんだよ。

静 こうして士族の反乱は終ったのね。

MQ 西南戦争は最後の士族の反乱であるとともに、日本における最後の内戦でもあった。だが、鎮圧に半年もかかり、また莫大な戦費を使ってしまった。

これ以降は軍事力による反政府運動はなくなり、言論による反政府運動、すなわち、自由民権運動が活発になっていくんだよ。

サクニュー! ニュースを入手しろ!

Success News

▲PHOTO 今年から、8月11日が「山の日」として新たな国民の祝日に制定される。これで、国民の祝日は16日となった。

今月のKeyword▼

「山の日」制定

8月11日に新たな国民の祝日である「山の日」が制定されます。この結果、日本の祝日は16日となります。

国民の祝日は1948年（昭和23年）に制定された「国民の祝日に関する法律」によって定められています。同法が制定されたとき、祝日は元日（1月1日）、成人の日（1月15日）、春分の日（3月末）、天皇誕生日（4月29日）、憲法記念日（5月3日）、こどもの日（5月5日）、秋分の日（9月末）、文化の日（11月3日）、勤労感謝の日（11月23日）の9日だけでした。

1966年（昭和41年）に、敬老の日（9月15日）と1964年（昭和39年）の東京オリンピック開会式の日を記念した体育の日（10月10日）が制定され、翌1967年（昭和42年）にはかつての紀元節の日である建国記念の日（2月11日）が加わり、12日となりました。1989年（昭和64年・平成元年）に昭和天皇が崩御され、現在の天皇の誕生日である12月23日が新たに天皇誕生日となり、4月29日はみどりの日と名称が変更されました。

この時点でも6～8月は祝日がなかったことから、政府は1996年（平成8年）に7月20日を海の日に決めました。

また、2007年（平成19年）には、従来のみどりの日を昭和の日とし、憲法記念日とこどもの日に挟まれた5月4日をそれまでの国民の祝日からみどりの日に名称を変更しました。

この間、連休をとりやすくするために、政府はハッピーマンデー制度を採用し、成人の日、海の日、敬老の日、体育の日を月曜日に移動させています。

今回の山の日は、「山に親しむ機会を得て、山の恩恵に感謝する日」とされています。当初は8月12日の予定でしたが、1985年（昭和60年）の日本航空123便墜落事故が8月12日だったことから8月11日になったといわれています。

戦後の日本は海外から「働き過ぎ」といわれ、国民の間からも「祝日が少ない」との声が出ていましたが、現在は週休2日制が定着し、外国と比べても必ずしも祝日が少ないとはいえません。ちなみにアメリカは12日、フランスは13日、イタリアは12日、韓国は16日の国民の祝日があります。

山の日の制定で、国民の祝日がないのは6月だけとなりました。

ただ、山の日は学校の夏休み中なので、学校に通っているみなさんにはあまり影響がないかもしれませんね。

サクセス書評 

今月の1冊

『女子高生アイドルは、なぜ東大生に知力で勝てたのか？』

「グルグル思考」っていったいなに？

タイトルからして「どういうこと？」と思わずにいられない。それが『女子高生アイドルは、なぜ東大生に知力で勝てたのか？』だ。

これはＮＨＫで現在放送中の、「謎の科学（？）エンターテイメント番組・すイエんサー」内の対戦企画で、レポーターを務める「すイエんサーガールズ」と東京大生が知力で戦う「ペーパーブリッジ対決」（どんな内容かは本書を読んでみてほしい）を行い、なんとすイエんサーガールズが勝ってしまったことに由来する。その後も番組内で、東京大生との再戦や京都大生・北海道大生らとの対戦などが繰り返され、最終的に9戦5勝4敗という堂々たる結果になっている。

このすイエんサーガールズは、もともとティーンズ向けファッション雑誌のモデルたちから選抜されて結成されたユニット。そんな彼女らが日本の最高学府・東京大の学生たちに勝ってしまうなんて、どうしてそんなことが起こったのだろう。

「すイエんサー」は、日常生活のなかの素朴な疑問にすイエんサーガールズが体当たりで挑み、解決方法を見つけ出していくという番組だ。しかし、彼女たちには基本的にいっさいのヒントが与えられない。自分たちでひたすら考えながら答えにたどりついていくしかないのだ。

「すイエんサー」のプロデューサーとして番組の立ち上げから7年間かかわってきた著者は「テーマがテーマなだけに、当然、簡単に答えが見つかるはずもない。そのために、ひたすらグルグルと考え続けることになる。（中略）こうした、無駄にも思えるような、なんとも徒労感を伴う右往左往していく思考のことを、私たちは『グルグル思考』と呼んで」おり、このグルグル思考こそが、すイエんサーガールズが東京大生に知力勝負で勝てるほどの思考力を育てたのだという。

現在の社会でも求められている「思考力」をどのようにして彼女たちが身につけていったのか。実際に番組で放送されたいくつかの課題に挑戦しながら探ってみよう！

『女子高生アイドルは、なぜ東大生に知力で勝てたのか？』

著者：村松 秀
価格：840円＋税
刊行：講談社

サクセスシネマ

VOL.76

SUCCESS CINEMA

魔法ってホントにあるのかな？

アラジン

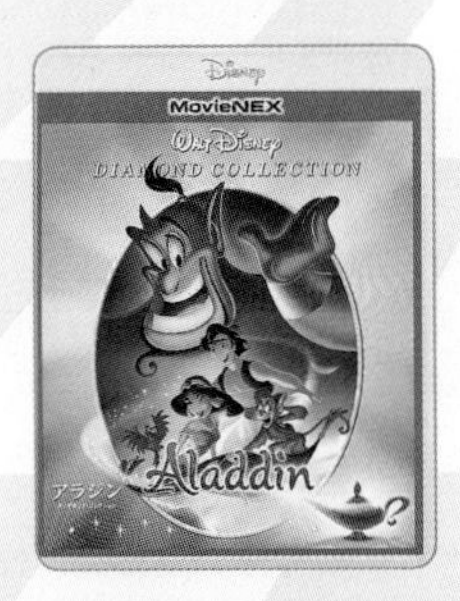

1993年／アメリカ
監督：ジョン・マスカー、ロン・クレメンツ

『アラジン ダイヤモンド・コレクション MovieNEX』
好評発売中/デジタル配信中
4,000円＋税
発売：ウォルト・ディズニー・スタジオ・ジャパン

陽気な魔人がかなえる願いとは

魔法のランプ、魔法のじゅうたんなど、魅惑的な魔法の世界が描かれた本作。原作は『千夜一夜物語（アラビアンナイト）』です。

1万年もの間、魔法のランプのなかに閉じ込められていた魔人ジーニー。彼を呼び出したのは、貧しくも心優しい青年、アラジンでした。ジーニーは、とにかくテンションが高い陽気な魔人。見ているだけでこちらも元気をもらえるほど！ ジーニーは3つの願いをかなえてくれるといいます。アラジンはどのような願い事をするのでしょう。

ジーニーの魔法はもちろん、アラジンと美しい姫・ジャスミンとの恋の行方、国を支配しようと企む国務大臣ジャファーとの対決など、見所満載です。愉快で頼もしいジーニーのダイナミックな魔力とは裏腹に、魔力では変えられない人間の持っている信念や、きずなの強さなども描かれています。名曲「ホール・ニュー・ワールド」の美しいメロディに乗って、アラジンとジャスミンが魔法のじゅうたんで世界中を旅するシーンは、だれもがうっとりすることでしょう。

ナニー・マクフィーの 魔法のステッキ

2005年／アメリカ・イギリス・フランス
監督：カーク・ジョーンズ

『ナニー・マクフィーの魔法のステッキ』
Blu-ray発売中
1,886円＋税
発売元：NBCユニバーサル・エンターテイメント

不思議なナニーと7人の兄弟

いたずらっ子たちが、魔法使いのナニー（乳母）と交流することで大きく成長していく物語。

母親を早くに亡くしたブラウン一家。残された子どもはなんと7人！ 幼い彼らは、大のいたずらっ子で、父親が子育てに翻弄（ほんろう）されるなか、ある日、一風変わったナニー・マクフィーがやってきます。じつは彼女は魔法使い。ステッキで床をひと突きすると不思議なことが起こるのです。この日を境に、子どもたちに変化が現れます。といっても魔法のおかげではなく、子どもたちの知恵と勇気と行動力を、いたずらではなく、生きていくための手段として用いるようにマクフィーが導いていくのです。

子どもたちは、自分たちの洋服を飼っている動物に着せてしまったり、お客さんのサンドイッチにミミズを仕込んだりと、呆れるようないたずらばかりしますが、次はどんなことを思いつくのか、と思わず楽しみにしてしまいます。魔法使いが醸（かも）し出す少し不気味でエキセントリックな雰囲気、独特の世界観と奇想天外な出来事に引き込まれていきます。

ハウルの動く城

2004年／日本
監督：宮崎駿

『ハウルの動く城』
価格：DVD2枚組4,700円+税
発売元：ウォルト・ディズニー・スタジオ・ジャパン

90歳の老婆の正体は18歳！?

本作は、イギリスのファンタジー小説『魔法使いハウルと火の悪魔』を原作とするアニメ映画です。

18歳のソフィーは、父の帽子屋を受け継ぎ、ただただ帽子を作る平凡な毎日を送っていました。しかしある日、彼女の人生を大きく変える出来事が起こります。魔法使いのハウルと出会ったことで、なんと荒地の魔女から、90歳の老婆に姿を変えられてしまったのです！ ソフィーは魔法を解くべく、魔女の住む荒地をめざします。すると、ガラクタを集めたような不思議な城、「ハウルの動く城」を見つけ、思わずなかへ…。

過去と未来、ハウルと火の悪魔カルシファーにまつわる謎、荒地の魔女の存在など、さまざまな出来事が交錯するストーリーに目が離せません。

そして、魔法をかけられてもいきいきと前向きなソフィー、どこか暗い影がありながらも優れた魔法の力を持ち人を惹きつけるハウル、可愛らしいハウルの弟子・マルクルなど、登場人物1人ひとりのキャラクターも魅力的。豪華声優陣たちの熱演にも注目です。

睡眠と勉強　その2

（前回は眠気を覚ます方法が４つあるよ、という先生の話で終わっていました。今回はその続きから…）

その方法っていうのはね、
　１：カフェインを摂る
　２：太陽の光を浴びる
　３：眠気覚ましのツボを押す
　４：昼寝をする
の４つだ。

１つ目のカフェインってよく聞くよね。コーヒーとかだっけ。

そう、コーヒーや紅茶、濃い日本茶なんかに入っているね。カフェインを摂ると、30分後くらいに脳を覚醒させる効果があるんだよ。

じゃあ、２つ目の太陽の光を浴びるのはなぜ？

これはね、太陽の光を浴びると、セロトニンという脳を覚醒するホルモンが分泌される。だから、部屋を真っ暗にすると朝起きられないんだよ。朝日は、じつはとても生活には大切なんだね。

へ〜。毎朝朝日が出ると布団かぶっちゃうんだけどね…。

だから起きられないんだよ。

３つ目の眠気覚ましのツボってどこにあるの？

色々あるらしいんだけど。例えば首の後ろの凹んでる部分、「ぼんのくぼ」って呼ばれている場所を押すとか、目頭と鼻の付け根の骨との間のところで、疲れ目のときに思わず押さえてしまうところ…わかる？　そこを指の腹を当てて押し込むといいらしい。

先生、よく知ってるね。

いやあ、それほどでも。まだあるらしいから、興味があったら調べるといいよ。４つ目の昼寝が一番すぐにできる方法だね。眠いときには思いきって寝てしまうという方法だ。それよりも、思い出した！

急に驚かさないでよ。なに？

寝すぎるとどうなると思う？

身体が痛くなる。

確かにそうだね。でも、それよりもこんな話を聞いたことがあるんだ。睡眠が「８時間以上」の中学３年生と、「６時間未満」「９時間以上」の小学６年生は、眠りの浅さなどによりテスト正答率の低さが顕著であることが、全国学力テストと学習状況調査の分析でわかったそうだ。

もっと簡単に言ってよ。

ごめんごめん。中学３年生の場合、睡眠時間が「８時間以上９時間未満」の生徒は、「７時間以上８時間未満」の生徒に比べて２〜７ポイント点数が低く、「10時間以上」になると28〜35ポイントも落ち込んだんだよ。

つまり寝る時間が増えたら成績が落ちたってこと？

そうなんだ。これは小学校６年生にもあって睡眠時間が「９時間以上」から正答率が低下し、「10時間以上」では１〜６ポイント悪かったんだ。逆に、睡眠不足も影響するようで、睡眠時間が「６時間未満」では「７時間以上８時間未満」の生徒より７〜13ポイント低かったらしい。

じゃあ、いったい何時間寝ればいいの？

その結果から言えば、７〜８時間くらいってことかな。

でも、どうして寝すぎると成績が下がるの？

その分野の専門家ではないからわからないんだけど…。たぶん、睡眠不足だったり、それを解消しようと多く眠っても、眠りが浅くなるだけで睡眠のリズムが乱れて脳の活性化がうまくいかないからじゃないかな。

そっか。やっぱり睡眠って大事なんだね。

そう、だからいつも一定の時間、例えば７時間なら７時間と決めて寝るのがいいんだよ。

でも現実として、眠くなったらどうすればいいの？

眠くて、ノートになにを書いているのかがわからなくなる、ミミズみたいな字を書くんだったら、寝た方が時間のムダにはならないね。

結局、４つの方法は意味がないってこと？

いやあ…一応意味はあるんだけど、キミには無意味かもね。

ガッカリ…。もういまから寝よう。こんなときは寝るに限る！

（苦笑）

Question & Answer

宗教系の私立校は どのような特徴がありますか。

まだはっきりと決まっていませんが、できることなら高校は私立校に進学したいと思っています。いま考えている志望校は宗教系の私立校なのですが、宗教系の学校のことをよく知らないので、どんな特徴があるのか教えてください。

（東京都中野区・中１・MN）

共通の特徴は宗教の教えが 教育の基本にあることです。

宗教系の私立校は、キリスト教や仏教、そのほかの宗教の精神を根幹にして学校が作られ、宗教団体等の寄付や関係者によって運営がなされています。いずれの場合も、各宗教の基本的理念を建学の精神として掲げているだけで、その宗教を学校で教えることを目的とはしていません。施設面での特徴は、キリスト教系であれば構内にチャペル（礼拝堂）が、仏教系であれば禅堂（座禅を組む場所）があったりします。

さて、私自身が通っていたキリスト教系の学校の特徴についてお話しします。まず、あくまで宗教のよさを教育に反映させるという姿勢なので、宗教的なことを強制されることはありませんでした。入学にはキリスト教信者であるかどうかも関係なかったため、信者の生徒は少なかったです。また、道徳にあたる科目が宗教の時間と名づけられていましたが、内容は道徳の授業とあまり変わらない気がしました。そして、生徒が自発的に慈善事業に協力する伝統があったり、災害時に自分たちでできる被災地協力をしようとする雰囲気があったりと、他者のためになにかしようとする生徒が多くいました。入学式や卒業式などの行事で賛美歌を歌うこともありましたね。

これらはあくまで私の通っていた学校の特徴です。宗教系の私立校とひと口に言っても学校ごとにさまざまな特徴があるので、各校のことをよく調べてみましょう。

Success Ranking

訪日外国人の訪問都道府県ランキング

日本を訪れた外国人がどんなところに足を運んでいるのかをランキングで紹介しよう。外国人全体はなんとなく予想がつきそうな順位だけど、地域別になると違いが出てきてちょっとおもしろいね。

外国人全体ランキング

順位	訪問都道府県	人数(人)
1	**東京都**	1万9443
2	千葉県	1万6685
3	大阪府	1万3082
4	京都府	8778
5	福岡県	5106
6	神奈川県	3977
7	愛知県	3060
8	北海道	2778
9	兵庫県	2536
10	大分県	2314
11	沖縄県	2158
12	奈良県	1842
13	山梨県	1753
14	静岡県	1696
15	長崎県	1368
16	熊本県	1306
17	広島県	1262
18	長野県	1022

※観光庁「平成27年度訪日外国人消費動向調査」より

アジア圏ランキング

順位	訪問都道府県	人数(人)
1	**東京都**	1万3276
2	大阪府	1万799
3	千葉県	1万398
4	京都府	6115
5	福岡県	4809
6	神奈川県	2739
7	愛知県	2575
8	北海道	2392
9	大分県	2244
10	兵庫県	2091
11	沖縄県	1933
12	山梨県	1492
13	静岡県	1396
14	奈良県	1379
15	長崎県	1233
16	熊本県	1227
17	長野県	623
18	岐阜県	501

(韓国・台湾・香港・中国・タイ・シンガポール・マレーシア・インドネシア・フィリピン・ベトナム・インド)

欧米圏ランキング

順位	訪問都道府県	人数(人)
1	**千葉県**	5955
2	東京都	5864
3	京都府	2515
4	大阪府	2139
5	神奈川県	1179
6	広島県	821
7	愛知県	452
8	奈良県	441
9	兵庫県	417
10	北海道	372
11	長野県	371
12	岐阜県	340
13	石川県	292
14	栃木県	283
15	静岡県	280
16	福岡県	272
17	山梨県	247
18	沖縄県	220

(イギリス・ドイツ・フランス・イタリア・スペイン・ロシア・アメリカ・カナダ・オーストラリア)

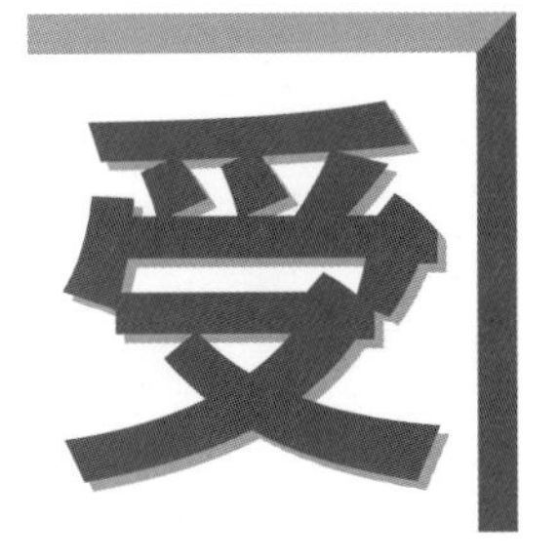

受験情報

埼玉公立「学校選択問題」実施校は20校

すでにお伝えしているが、埼玉県公立高校の2017年度入試・学力検査の改善点として、学校の判断で問題の一部に応用的な問題を含む「学校選択問題」（数学・英語）を実施することができると発表されていた。

このほど、その「学校選択問題」（埼玉県教育委員会が作成）を実施する学校が以下の20校に決まった。

【学校選択問題実施校】県立浦和、浦和第一女子、浦和西、大宮、春日部、川口北、川越、川越女子、川越南、熊谷、熊谷女子、熊谷西、越ヶ谷、越谷北、所沢、所沢北、不動岡、和光国際、蕨、市立浦和。

なお、埼玉県教育委員会のHPで、学力検査問題のほか、学校選択問題のサンプルも見ることができる。また両者について、英語のリスニング問題のサンプルも聞くことができる。

このほかの改善点として、社会と理科の検査時間が50分（これまでは40分）に延ばされることが決まっている。

2016年度SGH指定校は首都圏で４校のみ

過去２年間は、毎年56校ずつ指定されていたＳＧＨ（スーパーグローバルハイスクール）だが、予算の関係からか今年度は校数が縮小されることになったようだ。

全国で下記11校が指定されたが、このうち首都４都県からは４校だった。

公立が、**宮城県気仙沼、栃木県立佐野、埼玉県立浦和第一女子、千葉県立佐倉、和歌山県立日高、佐賀県立佐賀農業、熊本県立水俣、沖縄県立那覇国際**の８校、国立が**東京芸術大学音楽学部附属音楽**の１校、私立が**創価**（東京）、**高槻**（大阪）の２校。

なお、ＳＧＨ準備校と位置づけられるＳＧＨアソシエイト校は56校指定されているが、このうちの7校が2016年度の新規指定。

首都４都県からのアソシエイト校への新規指定はなかった。

Educational Column

15歳の考現学

大学も高校も入試の質がいま大きく変わっていく

森上（もりがみ）展安（のぶやす）

森上教育研究所所長。1953年、岡山県生まれ。早稲田大学卒業。進学塾経営などを経て、1987年に「森上教育研究所」を設立。「受験」をキーワードに幅広く教育問題を扱う。近著に『教育時論』（英潮社）や『入りやすくてお得な学校』『中学受験図鑑』（ともにダイヤモンド社）などがある。教育相談、講演会も実施している。
HP：http://www.morigami.co.jp
Email：morigami@pp.iij4u.or.jp

都立高校の制度変更が入試にもたらしたもの

この春は、都立高校の入学選抜（入試）における学力検査と調査書の比重が変わった初年度でした。結果を見ると一般、推薦の両入試とも、難関都立高である進学指導重点校の志願者数が軒並み減少しました。

やはり制度変更初年度ということで、弱気受験ないし慎重受験モードになったのかもしれません。とくに一般入試は全面的に減少しており、とりわけ男子は減少数が多く、**日比谷**などは、じつに99名という大きな減少となっています。

この制度変更は、当日の学力検査（5教科）の比重が、調査書に対して「7：3」となって（※第二次募集を除く）、より重視され、その他の技能4科は内申の素点が2倍に評価される、というものでした。

調査書の持ち点が比較的少なく、当日の試験の出来に不安がある生徒は、進学指導重点校など上位校の受験は避けたいはずで、実技4科の評価が高くなったことで、内申の持ち点が少なくなった男子生徒が敬遠した可能性はありそうです。

当日に行われる5教科の学力検査の比重が増したことで、中学校間にあった調査書格差のゆがみの影響は少なくなったうえ、実技4科はパフォーマンス評価がおもなので、出来、不出来について学校間で評価の違いはあまり出ないでしょう。

ゆがみが少ない選抜制度になったら受験生が減少したということなのですから、つまりは「合格可能性について、より正確に考えやすくなった」結果だということなのでしょう。

入試問題の質自体も変化 それに対応しきれない面も

では、はたして入試問題の質はどう変わったのでしょうか。

先に白状してしまうと、筆者はこれについて研究不足です。ただ、予想していることは、やはり各科とも出題傾向が変わり始めているのだろう、ということです。

全国の公立高校入試問題などをみると、すでに昨年あたりから変化が出始めていましたから、それは当然だと考えています。

つまり、この質の変化に対する備えと耐性ができていない、という意味で難関校の志願者数が少なくなった部分も、ひょっとしたらあるのかもしれないと思うのです。

個々の学校についていえば、例年最も人気が高い**都立国際**が大きく緩和していることが注目されます。推薦入試、一般入試ともに易化しているのです。

詳しくはみてないのですが、例えば高校受験では、私立に**広尾学園**のインターナショナルコースや**三田国際学園**などのような国際クラス設置が増加しているように思います。

駒込の国際教養コースという新設クラスの募集もありましたし、**明星**にMGSという新しいコースもできました。またIB校として**東京学芸大国際中等教育学校**は高校募集はしませんが、SSH、SGH校に指定され活発に活動しています。

こうした私立・国立の動きが都立国際への集中ニーズの吸収先にもなっているかもしれません。もちろん、**国際基督教大高**（ICU高）という老舗の存在や、そのままモデルとされた**啓明学園**なども見逃せません。

大学入試の変更を待たず高校入試が変わっていく

さて、大学入試のシステムが変化すると言われているのは現中2生からで、現中3生は逃げ切り世代ですから、制度の変化は中2までと中3からでは影響が異なります。

中3生は、大学へは現役合格が望まれることは間違いありません。ただ、その2020年（平成32年）を待たずに、各大学の個別入試で行われる選抜のありさまは、大きく2つの点で変化がありそうです。それは、推薦入試の拡大—逆に言えば一般入試枠の減少であり、もう1つは入試問題の変化の2点です。

前者は、簡単に言えば高校在学時代の業績評価であり、後者はこれまで知識の内容を聞いていた学力検査が、知識の活用を聞くものに変わるというものです。

そうした大学入試の変化は、背景には入試によって教育の流れが止められないように学校間の連携を強めよう、ということでもありますから、高校と大学の間だけではなく、中学と高校との間の話でもあります。

その意味では2020年に高校と大学の接続がよりスムースになればよいことに加えて、中学と高校との接続もスムースになってしかるべきものなのです（言うまでもなく、小学校と中学校でもこのことは言えます）。

近年、小中高一貫ということが話題にのぼることは、そうした教育改革がこれからとられる、ということなのですね。

そのような目でみると、その改革のタイミングにちょうど大学受験を迎える中1、中2の世代は、高校入試まであと1～2年に迫っているのですから、高校入試での変化に敏感になっておくべきです。

高校入試における推薦制度の拡充、選抜方法の改革は、小回りの利く私立高校入試に、まず出てくると思われます。

したがって現中3生はとくに、現中2生、現中1生は、より高くアンテナを張って、各都県立だけでなく、私立の入試でどのような変化が出てきているのか、注意深くありたいところです。

どのようないい環境でも学力を伸ばすのは自分自身

さて、先日、文部科学省が中学と高校で英語の技能がどこまで身についているかを英検の評価を使って、全国の状況をチェックしました。その結果で、千葉が結構高いことが注目されました。

また、一方で、私の知人は、ある表を見せてくれました。それは縦軸に、その調査における英語技能のスコアを、横軸に、その都県の英語教師の英語技能のスコアをおく、という相関表です。

するとおもしろいことに（?）、まったく相関がないのですね。前期の千葉で、生徒の成績が高い一方、教員の成績は低いという意外な結果が出ていたりします。

つまり、学校の先生の指導力と関係なく生徒の成績がよかったり悪かったりしているのが英語の技能の現状ということになります。

一方で、英語教育界からは、4技能をうまく指導できる先生はきわめて少ない、という話も聞こえてきます。まして、いまの小4からの新しい指導要領では、現在の中1、中2の指導内容が小5、小6に降りて教科化されるのですから、これは先生に関係なく、生徒の技能をあげる工夫が必要です。

じつは、大学がいま、そのことに大いに取り組んでいます。大学生の英語教育を語学学校に委託し、大学の授業のなかで英語4技能を教えてもらったり、コンピューターで個別指導をしたりなどの取り組みです。

結局は、1人ひとりが自らの学力にどう向きあうか、ということなのだと思います。

私立高校入試 その日までのスケジュール

中学3年生のみなさんは新学期の忙しさも一段落し、いよいよ受験生モードに入ってきたのではないでしょうか。そこで今回は、実際の入試までの期間に、中学3年生はなにをやっておかなければならないかについて、そのスケジュールを考えてみます。

中学3年生これからの受験スケジュール

6月・7月〜

●学校説明会に行こう

6、7月以降から夏休みの間には、各高校でのオープンキャンパスや学校説明会、また多くの学校が集っての合同説明会が開催されます。学校説明会や体験入学に行った際には、学校案内や入試要項が配られていれば手に入れておきましょう。

2学期になっても学校説明会は多く行われますが、並行して中学校での三者面談（受験生、保護者、学校の先生）が始まり、三者面談で最終的に志望校を決めます。

さて、以下に2学期以降の「受験スケジュール」を示しますが、都県によって、多少異なりますので、各都県の実情に合わせてお読みください。

9月・10月

●受験校を決める

第1志望校、併願校ともに9月のうちに受験する学校の腹づもりを決めましょう。

この時期からは模擬試験も行われます。受験校が決まっていなければ、模擬試験での合否判定が得られず、遅れれば遅れるほど不利になります。模擬試験で得られる偏差値は、数回受ける模擬試験の平均値に信頼がおけるからです。

まず、志望している学校について、推薦の基準、一般入試の合否基準、受験方法による優遇制度の有無などを調べましょう。

そのほか、入学金の振り込みを公立高校の合格発表まで待ってくれるのか、延納金を支払う必要があるのかなども重要です。

●第1志望校と併願校

公立高校を1校、複数受験できる私立高校は2〜3校程度をメドに受験校を決めます。

私立高校を2〜3校受験し、最後に公立高校を受験するのが基本パターンです。どんなレベルの私立高校をどの順番で受けるか、うまく計画を立てましょう。

初期に1校でも合格を得ることで、「やってきた勉強に間違いがない」「努力は報われる」という自信にもつながり、第1志望校に向かって、強気で向かうことができるでしょう。

11月

●合否は三者面談で決まる

中学3年生にとって、受験校を決める最終局面が公立中学校での「三者面談」です。三者面談というのは11月下旬から始まる面談で、通学している中学校の担任の先生、受験生、保護者の三者が、志望校を決めるために話しあうものです。

なぜ11月に三者面談があるのでしょうか。それは、12月中旬に私立高校の入試相談があるからです（埼玉では「個別相談」）。

12月

●中学校と私立高校が入試相談

私立高校の推薦入試では、事前に成績の合格基準が示されています。

そこで、その基準をもとに、その学校に合格できるかどうかを、事前に私立高校側と中学校の先生が話しあう場が12月なかばの入試相談です。

中学校では12月の私立高校入試相談に向けて、自らの中学校の「どの生徒」が「どの私立高校」を受験するのかをリストアップしていきます。そのための最終確認が、前項の三者面談（11月）なのです。

それらを前提に中学校の先生は前項の「三者面談」で決めた、生徒が「受けたい私立高校」に出かけていきます。そして、「その学校を受けたい生徒全員のリスト」について、1人ひとり生徒の（推薦入試での）合格可能性を相談します。このように中学校の先生と私立高校側が話しあうのが「入試相談」です。

この入試相談で、私立高校は生徒1人ひとりについて答えます。ある意味あいまいな答えにも聞こえるのですが「この生徒は大丈夫です」や、逆に「一般入試の方で頑張ってもらった方がいい」などの返答になります。

ここで「大丈夫です」や「推薦入試に出願していいですよ」と答えてくれるようなら、合格可能性がかなり高い返答と言えます。

入試相談は、東京、神奈川、千葉のほとんどの私立高校で、12月の中旬から下旬、それぞれの私立高校が決めた期間に行われます。

異なるのは埼玉県です。

埼玉ではこの中学校を巻き込んでの入試相談は行われません。埼玉では、保護者・受験生が、私立の学校説明会や進路相談会に臨んで自分で各私立高校と相談をします。これが埼玉独自の「個別相談」と呼ばれるものです。

1月・2月

●さあ、本番へ

東京・神奈川の私立高校では推薦入試が1月22日から、一般入試は2月10日から開始されます。

神奈川の私立高校推薦入試は、私立高校を第1志望とする受験生のための入試となりました。推薦入試を受ける場合は公立高校との併願ができません。

公立高校との併願を希望する受験生は、すべて私立高校一般入試の方を「併願優遇」で受験することになります。

埼玉では、公立高校の入試が1日で行われることになり、入試日も遅くなりました。これにともなって、私立高校の入試開始日も、東京、神奈川と同じ1月22日からとなり、ほとんどの私立高校が1月のうちに定員近くを確保してしまいます。

千葉の私立高校では、1月17日から前期選抜、2月5日から後期選抜が実施されます。

千葉県・埼玉県 公立高校 2016年度入試結果

制度変更後、6度目の入試となった千葉県、5度目の埼玉県とも大きな変化はなく、入試状況は安定してきました。千葉県では定員数の変化から前期は平均実倍率を少し下げ後期はわずかに上昇、埼玉県では前年より少し実倍率を上げています。難関上位校の人気は安定して高く、厳しい入試が続いています。

安田教育研究所　代表　安田 理

■千葉県公立高校　前期

平均実倍率は3年連続でダウン

制度変更から6度目の入試となった2016年度（平成28年度）は専門学科・総合学科の前期選抜定員枠が最大80%から100%に変更されました。専門学科やコースでは1クラスのみの募集が多く、高倍率になりがちでした。それをある程度緩和させようという狙いが感じられる変更です。その結果、前期のみ募集となった高校もありました。

前期の平均実倍率は1・81倍から1・74倍に下がりました。3年連続でダウンしています。都内私立高校の一般入試開始日と入試日程が重なった影響もありそうです。

入試機会が1度しかない埼玉では1・19倍、神奈川が1・20倍ですから、下がったとはいえ、2倍近い実倍率は公立高校入試の平均としては高いものです。前期と後期とで定員を分ければ合格者数は限られるので実倍率が高くなるのは当然です。人気校であれば、さらに実倍率は上昇します。実倍率の高さが似たようなものであれば、県内公立より都内の難関国私立にチャレンジしよう、と考えた成績上位生が少し増えているのかもしれません。

受検者数は前年より268人多い3万9578人だったのに対し、合格者数は924人増の2万2481人だったことも実倍率緩和につながっています。

今年度、最も実倍率が高かったのは**県立船橋**の3・35倍でした。3年ぶりの首位ですが、ここ2年は2位を維持していますから安定した人気です。前年トップの理数科は3・79倍から2・83倍に大きく下げて5位でした。次年度は反動で再び実倍率が上昇する可能性があります。

2位には2・76倍から3・24倍に上昇した**県立千葉**が8位から大きく順位を上げました。つねに3倍台を維持していた同校が前年2倍台に緩和した反動もあります。また、前年は東京都内の難関国立大附属高校と重なっていた入試日程がずれたぶん、併願できるようになったことも多少影響しているかもしれません。次年度は2月13・14日に実施されるので、再び都内国立大附属高校と入試日程が重なりそうで、緩和する可能性があります。

トップ2校の県立千葉・県立船橋

と並び、公立御三家と称される**東葛飾**は2年連続で上昇していた実倍率を3・02倍から2・78倍に下げ、2年前の2・81倍をも下回りました。これまでの実倍率上昇を嫌った受検生から敬遠されたのでしょう。開校したばかりの併設中学では80名募集に対し、1157人が志願し、県立千葉中の793人を大きく上回りました。

学校独自問題をやめて2年目にあたる**千葉東**は2・84倍から2・91倍に2年連続で上昇し、7位から3位に順位も上げました。4位の**市立稲毛**（国際教養）は2年連続で高倍率でした。普通科も10位に順位を上げていて、人気が安定しそうな気配です。

順位に変動があっても、県立千葉、県立船橋、東葛飾、千葉東など上位校を中心に高倍率校の顔ぶれはあまり変わっていません。一方、常連校の**市立千葉**、**薬園台**が応募者を減らし上位10校から姿を消しています。また、人口の多い1、2、3学区に高倍率校が集中しているのも例年と同じです。

2016年度
前期実倍率上位5校（千葉県）

順位	学校	実倍率
1位	県立船橋	3.35倍
2位	県立千葉	3.24倍
3位	千葉東	2.91倍
4位	市立稲毛(国際教養)	2.90倍
5位	県立船橋(理数)	2.83倍

前期受検者数上位5校

順位	学校	受検者数
1位	幕張総合	1068人
2位	県立船橋	644人
3位	千葉東	628人
4位	市川東	563人
5位	柏中央	551人

2016年度
後期実倍率上位5校（千葉県）

順位	学校	実倍率
1位	市立稲毛(国際教養)	3.30倍
2位	上総（園芸）	3.00倍
3位	松戸国際(国際教養)	2.38倍
4位	佐倉	2.31倍
5位	県立船橋	2.10倍

後期受検者数上位5校

順位	学校	受検者数
1位	幕張総合	495人
2位	市川東	291人
3位	柏南	287人
4位	千葉東	285人
5位	県立船橋、柏中央	283人

■千葉県公立高校　後期

倍率トップは3年連続で市立稲毛（国際教養）

後期の受検者数は前年より816人少ない1万6513人でしたが、合格者数は835人減の1万1564人だったため、1・40倍から1・43倍に平均実倍率は上昇しています。専門学科の一部が後期の募集をしなくなったことから合格者数が減少した影響です。

また、専門学科でも人気の高い理数科や国際教養科は後期も入試を継続する一方、あまり倍率の高くない専門学科の一部が前期のみ募集になったことも平均実倍率の上昇につながっています。

定員を満たせず2次募集を実施した高校は前年と同じ20校、募集数は404人から352人に減少しました。専門学科の前期募集枠の拡大が功を奏したように見えます。

人気校と不人気校との差はありますが、全体で見れば不合格者数4949人は決して小さな数字ではなく、厳しい入試が続いています。

実倍率トップは3年連続で市立稲毛（国際教養）。2年連続で大きく伸ばした前年の3・60倍こそ下回りましたが、3・30倍で3倍台を維持しています。募集数がわずか10人なので数人の増減が倍率に反映してしまいますが、人気の強さを感じさせます。

前年に続き、後期では国際教養科の人気が際立っています。進学色の強い専門学科では募集数も少ないことから高倍率になりやすい状況もあまり変わっていません。それでも高倍率校上位10校のうち3校しかなかった普通科高校が6校に増えており、前期のみ募集に転じた専門学科の影響もあります。

また、普通科高校でも実倍率が上昇したわけではなく、高倍率校が減ったことで順位を上げているところが少なくありません。それだけ後期は確実に合格できそうな高校を選んだ受検生が多かったのでしょう。

県立船橋2・10倍や東葛飾2・04倍は前期の人気を維持し上位10校に名を連ねています。一方、県立千葉は前年と同じ1・92倍、千葉東は1・90倍で上位10校からはわずかな差で外れています。

■埼玉県公立高校

平均実倍率は0・01ポイント上昇の1・19倍

埼玉は入試機会を一本化してから5度目の入試となりました。平均実倍率は初年度から1・15倍→1・17倍→1・18倍→1・18倍→1・19倍と推移しています。2年目以降の実倍率はほぼ同じ数字で推移しており、今後もそう大きくは変わらないでしょう。

受検者数は前年より425人多い4万6905人。合格者数は132人少ない3万9346人でした。人口減少に応じて定員を減らしたにもかかわらず、公立受検者が増えたぶん、平均実倍率が1・18倍から1・19倍に上昇しています。不合格者数は前年の7003人から7559人に増え、厳しい入試となりました。

また、欠員補充は3年前の240

人から451人→404人→380人と推移しています。2年連続で減少したものの公立高校のなかでも人気の差が大きい状況も続いています。

大宮(理数)が今年も実倍率トップ

実倍率トップは今年度も**大宮**（理数）でした。3年前からの推移を見ると3・07倍→2・39倍→2・80倍→2・60倍と若干緩和したものの高倍率を維持しています。

前年には大宮（理数）1校しかなかった2倍台の高校が今年度は4校に増加しましたが、いずれも理数科で、相変わらず人気の高さがうかがえます。なかでも新設した**所沢北**が2・34倍で前年上位3校だった**市立大宮北**、**松山**を抜いて2位に登場しています。

上位10校のうち、理数科4校、外国語科2校がランク入りしています。外国語科では上位10校に入った**蕨**、**和光国際**が1・88倍で6位に並びました。その他、**南稜**（外国語）1・63倍、**越谷北**（理数）1・60倍も高倍率でした。募集数が1クラスぶんなので人数の増減が倍率に大きく影響しやすいこともありますが、上位10校のうち半数以上を専門学科が占めているのは埼玉の特徴でしょう。

2016年度
実倍率上位5校（埼玉県）

順位	学校	実倍率
1位	大宮（理数）	2.60倍
2位	所沢北（理数）	2.34倍
3位	市立大宮北（理数）	2.22倍
4位	松山（理数）	2.05倍
5位	市立浦和	1.90倍

受検者数上位5校

順位	学校	受検者数
1位	伊奈学園総合	952人
2位	浦和西	594人
3位	川越女子	567人
4位	川越南	561人
5位	浦和第一女子	551人

普通科のトップは**市立浦和**ですが、4年前からの推移を見ると1・72倍→1・63倍→1・71倍→1・64倍→1・90倍と昨年までは隔年現象を続けながら前年との差を縮めていましたが、今年度は大きく上昇しました。臨時定員増から元に戻したことも後押ししています。次年度は緩和する年にあたりますが反動がどこまであるのか注目です。

前年、1・45倍から1・55倍に上昇した**県立浦和**は臨時定員増にもかかわらず応募者数を減らした結果、1・28倍に緩和しました。同校では増員した年に応募者を大幅に増やし、実倍率が上昇したこともありました。

一方、臨時定員増で1・55倍から1・37倍に緩和していた**県立川越**は定員を元に戻したこともあって1・47倍に上昇しました。両校とも県立難関男子校ですが、ここでも隔年現象が続いています。

県立難関女子校の**浦和第一女子**も県立浦和と同様、臨時定員増で1・41倍から1・36倍に緩和しました。2年連続で実倍率を下げましたが、次年度は反動で上昇するかもしれません。**川越女子**は臨時定員増から元に戻した結果、1・38倍から1・54倍に上昇しています。3年前からの推移を見ますと、1・58倍→1・47倍→1・38倍→1・54倍で2年続いた実倍率の緩和がストップしました。両校とも隔年現象ではありませんが対照的な動きです。

臨時定員増から元に募集数を戻した大宮の普通科も1・52倍→1・23倍→1・22倍→1・58倍と2年続きの緩和から一転して上昇しています。共学難関校のトップですが、実倍率の増減では川越女子の動きと似ています。蕨も臨時定員増から募集数を元に戻したので、1・66倍→1・46倍→1・47倍→1・54倍と2年連続で上昇しました。

受検者数トップは伊奈学園総合がキープ

受検者数では募集規模の大きい**伊奈学園総合**が84人増やし952人で相変わらずトップです。2年前には1000人を超える受検生を集めましたが、そこまでにはおよびませんでした。隔年現象が続いているので、次年度は減らすかもしれません。

上位11校（9位に3校あるため）のうち、臨時定員増校は浦和第一女子、県立浦和、**越ヶ谷**の3校でした。前年の臨時増から元に戻し定員減となった川越女子、県立川越、大宮の3校もランク入りしています。11校のうち、7校が順位に多少の違いはあるものの前年に続いて名を連ねています。13位の蕨503人も含め、募集数の増減の影響なく安定した人気を集めています。

2017年度（平成29年度）以降も人気校では多くの受検生を集めそうです。2位の**浦和西**は募集数に変動がないにもかかわらず、前年の6位から順位を上げ実倍率も上昇しています。今後、人気が安定したものになるかもしれません。

次年度から学力検査に学校選択問題が導入されることが公表されています。数学と英語について応用的な内容を含む問題を出すことになるのは県立浦和、浦和第一女子、大宮、県立川越、川越女子、蕨、市立浦和など20校です。いずれも上位校・人気校が名を連ねているので、導入校の実倍率・受検者数への影響は少ないと思われます。

公立 CLOSE UP

知っておきたい高校入試用語辞典 上

高校入試に挑もうとする受験生とその保護者が知っておいて得する「高校入試の基礎知識」をお伝えするこのコーナー。今回から3回にわたり「高校入試用語辞典」をお届けします。これからの受験生生活で「聞いたことはあるけれど、意味がちょっとわからない」という言葉が出てきたらこのページを開いてみてください。

■一般入試

学力（筆記）試験の結果を優先して合否を決める入学試験のこと。原則的に各高校で実施する科目試験の総合点で合否が決まる。別に面接を課す学校もあるが、柱は学力試験。これに対する入試として「推薦入試」がある。

■SSH

文部科学省が、特定分野のうち、理数の先進研究事例として指定する高校。学習指導要領を越えた教育課程を編成できる。SSH（スーパーサイエンスハイスクール）は科学技術・理科、数学教育が重点（指定期間5年）。

■SGH

文部科学省がグローバル人材の養成を狙って、２０１４年度（平成26年度）から始めた教育事業。

SGH（スーパーグローバルハイスクール）に指定されたのは、はじめの2年間は56校ずつ。3年目の今年度は11校が選ばれている。グローバルなリーダー養成も兼ね、国際化に注力している大学や国際機関と提携している高校が選ばれる。

■延納・延納手続き金

私立高校では、公立高校を第1志望とする受験生のために、公立高校の合格発表日まで入学手続きを延期できる制度を持つ学校がある。この制度を「延納」という。このとき、入学金の一部を延納手続き時に納める制度を持つ高校があり、これを「延納手続き金」と呼ぶ。入学すれば、入学金に充当されるが、入学辞退の際には返金されないこともある。

■オープンスクール

学校を見学できる機会。施設の見学だけでなく、クラブ活動や授業の実際を体験できるのでこう呼ぶ。学校の雰囲気を自分の目で確かめることができる。学校説明会と同時に開催するケースも多い。

■過去問題（過去入試問題）

その学校が過去に実施した入試問題。各校それぞれに出題傾向や配点傾向があるので研究は欠かせない。第1志望校については5年はさかのぼって解いてみたい。学校で頒布・配付している場合もあるし、書店でも手に入る。解いたあと、その年度の合格最低点や設問ごとの得点分布

などを参考にする。時間配分も身につける。

■学区

公立高校は、設置者が地方公共団体なので、その都県（市町村立の場合はその市町村）の住民であることが入学資格となる。また、その都県をいくつかの地域に分け、当該の学校に通学できる地域を分けることがあり、それを学区と呼ぶ。

東京都立、神奈川県立、埼玉県立高校は、その都県でどこの高校にでも通うことができるが、千葉県立高校は学区を設けている。

私立高校の場合は基本的に学区を設けていないが、通学時間に配慮して、通学地域を指定している学校もある。

■学校説明会

その学校の教育理念や教育方針、授業の実際やカリキュラム、系列大学への進学、大学入試に関する取り組み、大学進学実績、入試日や入試方式などについて、各高校が受験生とその保護者を対象に行う説明会のこと。

施設や校内の見学もできる。学校へのアクセス方法なども含めて入試に関する下見をすることができる。

■キャリアガイダンス

社会的に自立するための進路指導のこと。最近の高等学校教育での進路指導では、単なる進学指導にとどまらず、生徒1人ひとりが自己を深く知り、未来像を描き、自己実現をめざすという、広い意味での進路学習となっている。このため、卒業生による講演や職場体験など幅広く企画が組まれる。進路への強い関心が進学へのモチベーションとなることが狙い。

■合格最低点

その学校の入試結果で、合格者のなかで最も低かった得点。各高校の過去の合格最低点を調べると、最低何点取れば合格できるかの参考となる。ただし、問題の難易度や競争率など、さまざまな要素により毎年変動するので、過去問を演習するときには、過去問に該当する、その年度の合格最低点を参考にすること。

■国立高校

国立高校は教員養成系の学部を持つ国立大学に附属する場合がほとんど。国立高校の生徒はその系列の大学へ進学する際に有利な要素は与えられず、外部からの受験生と同じ条件で受験する。

■先取り学習

学習指導要領で決まっている学年の単元よりも先に進んで学習すること。中高一貫教育校に高校から入った場合、このために内進生と高入生の授業進度が合わず、別クラスで学習するケースが多くなっている。

■サンデーショック

日曜礼拝を奨励するプロテスタント校が、例年決まっている入試日が日曜日にあたった年には、入試日を前後の日にずらす。そのことによって、併願校の選び方などに例年とは違う動きが生じること。近年、このことをプラス思考でとらえて「サンデーチャンス」と呼ぶ例もある。

■受験料

入学検定料や入学考査料とも呼ばれ、受験するために納める手数料のこと。国立高校1万円弱、公立高校2000円強。私立高校は各校それぞれだが、1回2万円～2万5000円。同じ学校を複数回受験する場合は減額や、免除される学校もある。

4月号の答えと解説

問題　英語クロスワードパズル

カギを手がかりにクロス面に単語を入れてパズルを完成させましょう。最後にa～gのマスの文字を順に並べてできる単語を答えてください。

1		f	2		3				4
		5					6d		
					7				
8b		9							
				10		11			12
13		e							
				14		g			
15				c		16			a

ヨコのカギ（Across）

1　If you ____ this button, the door will open.
3　音楽。楽曲
5　It looks like ____. You had better take an umbrella with you.
7　投げる。ほうる
8　The sun rises in the ____.
11　The sun sets in the ____.
13　with a ____（笑顔で）
14　門。出入り口
15　⇔man
16　⇔soft

タテのカギ（Down）

1　場所。立場
2　the organ that sends blood around the body
3　December is the last ____ of the year.
4　a large black bird
6　⇔false
9　friend ____、leader ____、space ____
10　⇔end
11　He doesn't ____ television at all.
12　疲れた。くたびれた
13　____man（雪だるま）

解答　DENTIST（歯医者）

解説

クロスワードを完成させると右のようになります。

（問題文の和訳）

ヨコ1　このボタンを押せば、ドアが開きます。
ヨコ5　雨になりそうです。傘を持っていった方がいいでしょう。
ヨコ8　太陽は東から昇ります。
ヨコ11　太陽は西に沈みます。

タテ2　身体のすみずみに血液を送る器官 ⇒ 心臓
*organ=(生物の)器官、(政治的な)機関、(楽器の)オルガン
タテ3　12月は年の最後の月です。
タテ4　大きな黒い鳥 ⇒ カラス
タテ6　true=本当の、真実の
false=正しくない、誤った
タテ11　彼は、まったくテレビを見ません。
*not ～ at all=少しも～ない

P	U	S	H		M	U	S	I	C
L			E		O				R
A		R	A	I	N		T		O
C			R		T	H	R	O	W
E	A	S	T		H		U		
		H		B		W	E	S	T
S	M	I	L	E		A			I
N		P		G	A	T	E		R
O				I		C			E
W	O	M	A	N		H	A	R	D

中学生のための

学習パズル

今月号の問題

Q ことわざ穴埋めパズル

例のように、空欄にリストの漢字を当てはめて、下の①～⑧のことわざを完成させましょう。

リストのなかで最後まで使われずに残った漢字を使ってできるもう１つのことわざに、最も近い意味を持つことわざは、次の３つのうちどれでしょう。

ア 急がば回れ　**イ** 月とすっぽん　**ウ** 石橋を叩いて渡る

【例】□らぬが□　→ 知らぬが仏

① □より□□

② □□び□□き

③ □□□に□かず

④ □の□の□□ち

⑤ □□の□を□う

⑥ □らぬ□の□□□

⑦ □つ□の□□まで

⑧ □□の□にも□□の□

【リスト】

悪	一	縁	下	火	花	起	栗
五	魂	魂	三	算	子	子	持
七	取	拾	鐘	身	寸	銭	狸
団	知	中	虫	釣	提	転	灯
八	皮	百	付	仏	分	用	力

応募方法

左のQRコードからご応募ください。

◎正解者のなかから抽選で３名の方に図書カードをプレゼントいたします。

◎当選者の発表は本誌2016年8月号誌上の予定です。

◎応募締切日 2016年6月15日

4月号学習パズル当選者

全正解者33名

藤井　春菜さん（神奈川県横浜市・中3）

小林　春香さん（埼玉県朝霞市・中2）

白井　宇志さん（東京都世田谷区・中1）

明治学院東村山高等学校

問題

下の図は，１辺の長さが４cmの立方体である。また，点L，M，Nは，それぞれの辺の中点である。次の問いに答えなさい。

(1) ３点L，M，Cを通る平面で切断したとき，切り口の図形の周りの長さを求めなさい。

(2) ３点L，F，Nを通る平面で切断したとき，切り口の図形の面積を求めなさい。

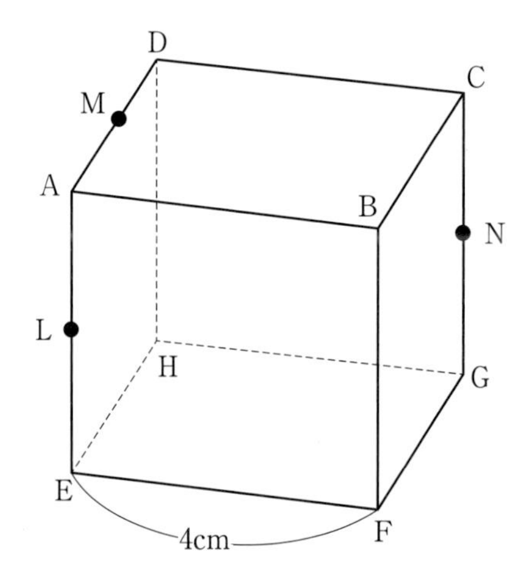

解答 (1) $6\sqrt{2}+4\sqrt{5}$ (cm)　(2) $8\sqrt{6}$ (cm²)

■ 東京都東村山市富士見町1-12-3
■ 西武拝島線・国分寺線「小川駅」徒歩8分、JR武蔵野線「新小平駅」徒歩25分
■ 042-391-2142
■ http://www.meijigakuin-higashi.ed.jp/

学校説明会　要予約
すべて14：00
10月1日（土）　11月12日（土）
12月3日（土）　※個別相談会あり

体育祭
9月28日（水）8：30

オープンキャンパス　要予約
7月18日（月祝）10：00

ヘボン祭（文化祭）
11月3日（木祝）10：00
※ミニ説明会あり

クリスマスの集い
12月20日（火）15：00

山村学園高等学校

問題

図のように，１辺の長さが５の正方形ABCDの内側にAE＝３，∠BAE＝30°となるように点Eをとり，線分AEを１辺とする正方形AEFGをつくる。

このとき，次の［1］，［2］に適するものをそれぞれの解答群の中から選びなさい。

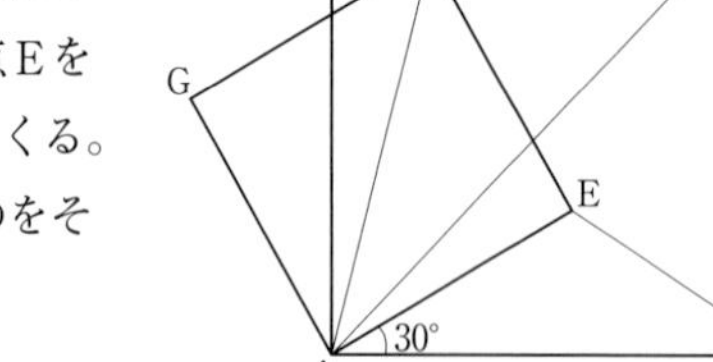

【問１】△ACFの面積は［1］である。

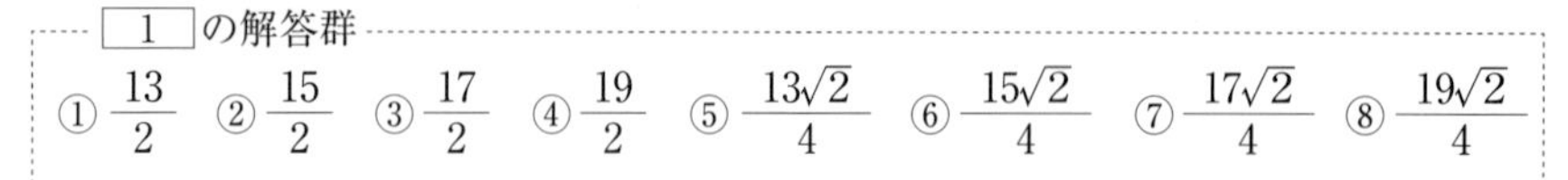

［1］の解答群

① $\frac{13}{2}$　② $\frac{15}{2}$　③ $\frac{17}{2}$　④ $\frac{19}{2}$　⑤ $\frac{13\sqrt{2}}{4}$　⑥ $\frac{15\sqrt{2}}{4}$　⑦ $\frac{17\sqrt{2}}{4}$　⑧ $\frac{19\sqrt{2}}{4}$

【問２】四角形BCFEの面積は［2］である。

［2］の解答群

① $\frac{21}{2}$　② $\frac{23}{2}$　③ $\frac{25}{2}$　④ $\frac{27}{2}$　⑤ $\frac{41}{4}$　⑥ $\frac{43}{4}$　⑦ $\frac{45}{4}$　⑧ $\frac{47}{4}$

解答 ［1］②　［2］⑧

■ 埼玉県川越市田町16-2
■ 東武東上線「川越市駅」徒歩5分、西武新宿線「本川越駅」徒歩10分、JR高崎線「上尾駅」「桶川駅」スクールバス
■ 049-225-3565
■ http://www.yamamura.ac.jp/

私立高校の入試問題

共立女子第二高等学校

問題

下の図の平行四辺形ABCDで，AB＝８，AD＝14で，辺DCを１：３に分ける点をＥ，ACとBEの交点をＦとし，AB//FGとなる点Ｇを辺BC上に，AD//HEとなる点Ｈを AC上にとる。このとき，次の各問いに答えなさい。

①FGの長さを求めなさい。

②AH：HFを求めなさい。

③△ABFと△EFHの面積比を求めなさい。

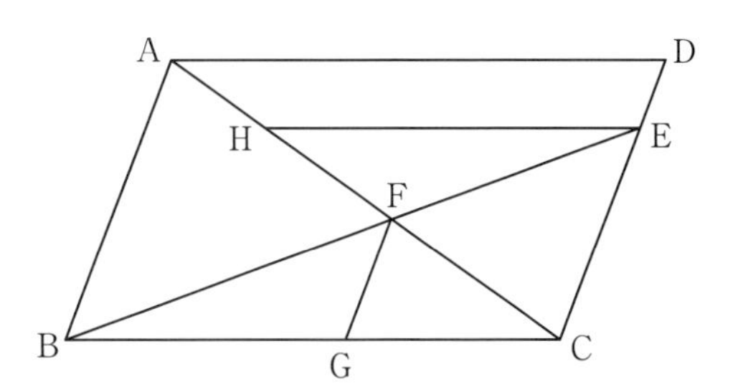

解答 ①FG＝$\frac{7}{24}$　②AH：HF＝７：９　③△ABF：△EFH＝64：27

■ 東京都八王子市元八王子町1-710
■ JR中央線・横浜線・八高線「八王子駅」、JR中央線・京王線「高尾駅」スクールバス、みなみ野・七国循環スクールバスルートも新設
■ 042-661-9952
■ http://www.kyoritsu-wu.ac.jp/nichukou/

体育大会
6月4日（土）11：00

クラブ体験会
7月23日（土）13：00

白亜祭（文化祭）
9月10日（土）　9月11日（日）

高等学校説明会
9月24日（土）　10月29日（土）
11月19日（土）　11月26日（土）

國學院高等学校

問題

各英文の（　）内に入れるのに最も適切なものをそれぞれア～エから１つずつ選び，記号で答えなさい。

(1) I haven't finished (　　) yet.
　ア eat　イ eating　ウ eaten　エ to eat

(2) My new cell phone is smaller and lighter than the old (　　).
　ア one　イ it　ウ this　エ that

(3) She is (　　) friendly that everyone in her class likes her.
　ア enough　イ so　ウ such　エ too

(4) My father was (　　) on the sofa when I came home.
　ア lay　イ laying　ウ lied　エ lying

(5) Nara is famous (　　) its many old temples.
　ア as　イ on　ウ for　エ with

解答 (1) イ　(2) ア　(3) イ　(4) エ　(5) ウ

■ 東京都渋谷区神宮前2-2-3
■ 地下鉄銀座線「外苑前駅」徒歩5分、都営大江戸線「国立競技場駅」徒歩12分、JR中央・総武線「千駄ヶ谷駅」「信濃町駅」徒歩13分、地下鉄副都心線「北参道駅」徒歩15分
■ 03-3403-2331
■ http://www.kokugakuin.ed.jp/

学校説明会
10月15日（土）　11月12日（土）
11月26日（土）　12月3日（土）

Letter section

みんなの お便りコーナー

サクセス広場

テーマ 勉強のコツ【英語】

4月号の大学ナビで紹介されていた、暗記しにくい単語を目につくところに**貼って覚える方法**を試してみたら、結構覚えられるようになりました。おすすめです。
(中3・サクセス15愛読者さん)

映画を吹き替えではなく、**英語と字幕**で見ています。何度も見ているうちになんとなく聞き取れるようになってきたかな。
(中3・K.H.さん)

長文を読むと眠くなるので、声に出して読む。読むときに**歌うように読む**と段々楽しくなってきて眠気が覚める。音読は色々な効果があるみたいだし、一石二鳥！
(中2・O.S.さん)

ポッドキャストの英語の番組をスマホに入れて、時間があったら聞いています。
(中3・継続は力なりさん)

昔からつけていた**日記を英語で**書くようにしました。それまでよりメチャクチャ短くなって、書く時間は長くなったけど、表現を考えたり、辞書を使ったりするようになりました。
(中2・でも疲れるよ！ さん)

近所に**アメリカ人の子**がいて、友だちになったら、英語が上達しました。間違ってもいいからどんどん話すことにしています！
(中2・I.O.さん)

テーマ あなたの周りの大事件

うちのクラスの担任の先生と、隣のクラスの担任の先生が**つきあってるかも！** 友だちが2人が手をつないでるところを見たらしい！
(中2・職場恋愛上等さん)

1日中家にいるのが好きで、ロベタな**アニメオタクの兄に彼女**ができました。しかもかわいい！ 「なにがあった？」と家族中大騒ぎです。
(中1・びっくりポンさん)

カップ焼きそばを食べようとしていたときに、**湯切りに失敗して**お湯と麺が台所のシンクにドバーっとこぼれた…。もったいないし軽く火傷はするし最悪！
(中1・勢いがありあまるさん)

春休みに部屋の掃除をしていたら、まったく記憶にない**貯金箱**が出てきて、そのなかに5,000円も入ってた。忘れていたけれど、ぼくのものらしい。5,000円でも、おこづかいが月500円のぼくには大事件ですよ！
(中2・怖くて使えないさん)

テーマ 好きなアニメ

ジブリのアニメが大好きです。とくに**「となりのトトロ」**は毎年夏になると見たくなる！
(中2・とろろんさん)

「ハイキュー!!」です。バレーボール部としては激アツのアニメです。
(中3・排球部さん)

ベタだけど**「プリキュアシリーズ」**。中学生にもなって、と言われますが、話の内容が意外にしっかりしているのでついつい見てしまいます。
(中2・ドンベエさん)

「おそ松さん」は笑いました。「おそ松くん」ってこんな感じだったのかな？ とにかく六つ子がどうしようもなさすぎて、お母さんが彼らを怒りもせず「ニートたち！」と呼ぶのが最高です。
(中3・ニート予備軍さん)

やっぱり王道の**「ワンピース」**！ 日曜日の朝は「ワンピース」を見なきゃ始まらない！
(中2・海賊王に…さん)

必須記入事項

A／テーマ、その理由 B／郵便番号・住所
C／氏名 D／学年 E／ご意見、ご感想など

右のQRコードからケータイ・スマホでどしどしお寄せください！
住所・氏名は正しく書いてください!!
ペンネームは氏名のうしろに(　)で書いてネ！
【例】サク山太郎(サクちゃん)

Present!!
掲載された方には抽選で**図書カード**をお届けします！

募集中のテーマ

「夏休みの思い出」
「勉強のコツ【国語】」
「山派？ 海派？」

応募〆切 2016年6月15日

ケータイ・スマホから上のQRコードを読み取って応募してください。

掲載にあたり一部文章を整理することもございます。個人情報については、図書カードのお届けにのみ使用し、その他の目的では使用いたしません。

世間で注目のイベントを紹介

サクセス イベントスケジュール 5月～6月

アジサイ

梅雨の時期に見ごろを迎えるアジサイ。じつは、私たちが花と呼んでいるのは「装飾花」と言って、「がく」（花弁の外側の部分）が発達したものなんだ。また、品種によって発色に差は出るが、土壌の酸性度によって花の色が変わる植物でもある。おもしろいよね。

1

2

3

4

5

6

1 フランス20世紀美術

ポンピドゥー・センター傑作展
―ピカソ、マティス、デュシャンからクリストまで―

6月11日（土）～9月22日（木祝）
東京都美術館

国立の総合文化施設であるフランス・パリのポンピドゥー・センターのコレクション展に注目しよう。フランスの20世紀をテーマに、絵画、彫刻、写真、映像、デザインなど、選りすぐりの作品を紹介。ピカソやマティスといった巨匠の傑作から日本ではあまり知名度のない画家の名品まで、多彩なジャンルの近現代美術作品と出会える（Ⓟ5組10名）。

2 大人気！ ベトナムフェス

ベトナムフェスティバル 2016

6月11日（土）・6月12日（日）
代々木公園 イベント広場

今年で8回目を迎えるベトナムフェスティバル。昨年度は18万人もの人が訪れたという超人気イベントだ。ベトナムのトップ歌手によるステージをはじめとするベトナムの伝統芸能や、アオザイ（ベトナムの民族衣装）などのベトナム文化、観光ポイントの紹介を通して、ベトナムをさまざまな面から体感できる。おいしいベトナム料理も楽しめるよ。

3 古代ギリシャへの旅

特別展「古代ギリシャ ―時空を超えた旅―」

6月21日（火）～9月19日（月祝）
東京国立博物館

ギリシャ国内40カ所以上の国立博物館群から300件以上の貴重な古代ギリシャの品々が来日。ギリシャ最古のエーゲ海文明やヘレニズム時代など、時代や地域によりそれぞれ特徴の異なる古代ギリシャの美術作品を見比べることができる。今日の西洋文化の原点となった古代ギリシャの世界をめぐる「時空を超えた旅」に出発しよう（Ⓟ5組10名）。

4 しあわせの国、ブータン

日本・ブータン外交関係樹立30周年記念事業 ブータン～しあわせに生きるためのヒント～

5月21日（土）～7月18日（月祝）
上野の森美術館

GNH(Gross National Happiness)＝国民総幸福量という独自の概念を掲げていることから、「しあわせの国」と呼ばれているブータン王国。この展覧会では、「ブータン的生活様式」、「ブータン仏教と信仰」、「愛されるブータン王室」の3章構成により、ブータンの伝統文化や思想を紹介。貴重な展示品を通して魅力あふれるブータンの秘密に迫る。

5 東京の新名所！

スヌーピーミュージアム オープン記念展 愛しのピーナッツ。

4月23日（土）～9月25日（日）
スヌーピーミュージアム

4月23日に六本木に開館したスヌーピーミュージアム。アメリカの「シュルツ美術館」が所蔵する貴重なコレクションが半年ごとの企画展で次々と公開される予定だ。今回のテーマは「愛しのピーナッツ。」。スヌーピーの生みの親、シュルツ氏の夫人が選んだ原画60点などが展示される。入場は日時指定の事前予約制なので、混雑を避けて鑑賞できるよ。

※前売券販売状況に余裕がある場合ミュージアムにて当日券を販売

6 歴史を物語るジュエリー

メディチ家の至宝 ―ルネサンスのジュエリーと名画―

4月22日（金）～7月5日（火）
東京都庭園美術館

ルネサンス期のイタリア・フィレンツェに君臨したメディチ家について、一族にまつわる美しいルネサンス・ジュエリーと肖像画から紹介する展覧会が、東京都庭園美術館で開催中。メディチ家の栄光と悲劇の歴史を見つめてきた黄金、カメオ、真珠や宝石などで彩られたまばゆいジュエリーは、日本初公開も多い貴重なものばかりだ。

1 パブロ・ピカソ《ミューズ》1935 ©2015 – Succession Pablo Picasso – SPDA (JAPAN) Photo:©Service de la Documentation photographique du MNAM-Centre Pompidou, MNAM-CCI **3** 『赤像式パナテナイア 小型アンフォラ ボクシング』前500年頃/アテネ国立考古学博物館蔵 ©The Hellenic Ministry of Culture and Sports-Archaeological Receipts Fund **4** 《初代国王ウゲン・ワンチュクの帽子》20世紀 金襴、銀に鍍金 ブータン王国国立博物館 **5** 「ピーナッツ」原画（部分） ©Peanuts Worldwide LLC **6** 古代ローマ工芸（カメオ） イタリアの金工家（フレーム）《ナクソス島のバッコスとアリアドネ》3世紀（カメオ） 16世紀（フレーム）オニキス 金 1個の真珠 多色七宝 フィレンツェ 国立考古学博物館蔵 ©Firenze, Museo Archeologico Nazionale

招待券プレゼント！ Ⓟマークのある展覧会・イベントの招待券をプレゼントします。69ページ「学習パズル」にあるQRコードからご応募ください。（応募締切2016年6月15日）。当選の発表は賞品の発送をもってかえさせていただきます。

サクセス15 バックナンバー好評発売中!

2016 5月号

難関校合格者に聞く
ぼくの私の合格体験談
今日から始める
7つの暗記法
SCHOOL EXPRESS 埼玉県立浦和第一女子
FOCUS ON 東京都立国際

2016 4月号

大学で国際教養を
身につけよう
読むと前向きに
なれる本
SCHOOL EXPRESS 開成
FOCUS ON 神奈川県立多摩

2016 3月号

読めばバッチリ
高校入試の案内板
2015年を振り返る
ニュースの時間
SCHOOL EXPRESS 慶應義塾高
FOCUS ON 神奈川県立光陵

2016 2月号

いよいよ本番!
高校入試総まとめ
中学生のための
検定ガイド
SCHOOL EXPRESS 千葉県立東葛飾
FOCUS ON 中央大学附属

2016 1月号

過去問演習で
ラストスパート
サクラサク
合格必勝アイテム
SCHOOL EXPRESS 東京都立日比谷
FOCUS ON 法政大学高

2015 12月号

世界にはばたけ!
SGH大特集
苦手でも大丈夫!!
国・数・英の楽しみ方
SCHOOL EXPRESS 埼玉県立浦和
FOCUS ON 中央大学高

2015 11月号

高校受験
あと100日の過ごし方
サクセス編集部セレクション
シャーペン・ザ・ベスト10
SCHOOL EXPRESS 東京都立国立
FOCUS ON 國學院大學久我山

2015 10月号

社会と理科の
分野別勉強法
図書館で、
本の世界を旅しよう!
SCHOOL EXPRESS 東京都立戸山
FOCUS ON 明治大学付属中野

2015 9月号

どんな部があるのかな?
高校の文化部紹介
集中力が高まる8つの方法
SCHOOL EXPRESS 神奈川県立横浜翠嵐
FOCUS ON 中央大学杉並

2015 8月号

夏休み
レベルアップガイド
作ってみよう! 夏バテを防ぐ料理
SCHOOL EXPRESS 早稲田大学本庄高等学院
FOCUS ON 法政大学第二

2015 7月号

参加しよう
学校説明会etc
中学生のための手帳活用術
SCHOOL EXPRESS 東京都立西
FOCUS ON 青山学院高等部

2015 6月号

キミもチャレンジしてみよう
高校入試数学問題特集
一度は行ってみたい! 世界&日本の世界遺産
SCHOOL EXPRESS 慶應義塾志木
FOCUS ON 公立高校 東京都立富士

2015 5月号

先輩教えて!
合格をつかむための13の質問
数学っておもしろい! 数の不思議
SCHOOL EXPRESS 早稲田大学高等学院
FOCUS ON 公立高校 神奈川県立湘南

2015 4月号

国立・公立・私立
徹底比較2015
東大生オススメブックレビュー
SCHOOL EXPRESS 早稲田実業学校高等部
FOCUS ON 公立高校 神奈川県立横浜緑ケ丘

2015 3月号

もっと知りたい!
高大連携教育
宇宙について学べる施設
SCHOOL EXPRESS 国際基督教大学高
FOCUS ON 公立高校 茨城県立土浦第一

2015 2月号

受験生必見!
入試直前ガイダンス
2014年こんなことがありました
SCHOOL EXPRESS 昭和学院秀英
FOCUS ON 公立高校 東京都立青山

これより前のバックナンバーはホームページでご覧いただけます（http://success.waseda-ac.net/）

How to order バックナンバーのお求めは

バックナンバーのご注文は電話・FAX・ホームページにてお受けしております。詳しくは80ページの「information」をご覧ください。

＜コーナー名＞

＜本文中記事＞

Success15

From Editors

4月14日以降、熊本地方を震源とした大規模な地震が九州地方で相次ぎ、大きな被害を出しました。これを書いている地震発生から5日後の現在も多くの方々が避難生活を強いられ、不安な日々を過ごしています。遠く離れた関東地方に住む私たちにできることはなにか、よく考えて行動に移したいと思います。中学生のみなさんは、募金やボランティアなど直接的な支援は難しいと思いますが、防災について調べたり、家族や友人と話しあったり、災害で不安に思うことや問題点について考えることはできると思います。被災地を思い、災害の恐ろしさを知り、防災について考えることは、決して意味のないことではありません。 (H)

6月号

Next Issue 7月号

Special 1

スラスラ書ける 秘訣とは? 作文・小論文特集

Special 2

スポーツだけじゃない!? 色々な甲子園・オリンピック

SCHOOL EXPRESS

千葉県立千葉高等学校

FOCUS ON

東京都立白鷗高等学校

※特集内容および掲載校は変更されることがあります

Information

『サクセス15』は全国の書店にてお買い求めいただけますが、万が一、書店店頭に見当たらない場合は、書店にてご注文いただくか、弊社販売部、もしくはホームページ(右記)よりご注文ください。送料弊社負担にてお送りします。定期購読をご希望いただく場合も、上記と同様の方法でご連絡ください。

Opinion, Impression & etc

本誌をお読みになられてのご感想・ご意見・ご提言などがありましたら、ぜひ当編集室までお声をお寄せください。また、「こんな記事が読みたい」というご要望や、「こういうときはどうしたらいいの」といったご質問などもお待ちしております。今後の参考にさせていただきますので、よろしくお願いいたします。

サクセス編集室お問い合わせ先

TEL : 03-5939-7928　FAX : 03-5939-6014

高校受験ガイドブック 2016⑥サクセス 15

発行　2016年5月14日　初版第一刷発行
発行所　株式会社グローバル教育出版
〒101-0047 東京都千代田区内神田 2-4-2
TEL 03-3253-5944
FAX 03-3253-5945
http://success.waseda-ac.net
e-mail success15@g-ap.com
郵便振替 00130-3-779535
編集　サクセス編集室
編集協力　株式会社 早稲田アカデミー